Ⓢ新潮新書

平岡 聡
HIRAOKA Satoshi

親鸞と道元

939

新潮社

はじめに

現在の日本仏教は宗派仏教である。平安時代に誕生した天台宗と真言宗にくわえ、鎌倉時代に起源を持つ宗派が林立する。浄土系では、浄土宗・浄土真宗・時宗、禅系では臨済宗・曹洞宗・黄檗《おうばく》宗、そして日蓮宗と、多彩な顔ぶれが並ぶ。その中でも寺院数が多いのが、浄土真宗の約二万二〇〇〇ヶ寺と曹洞宗の約一万五〇〇〇ヶ寺であり、群を抜く。

そして、その二大宗派の宗祖が親鸞《しんらん》と道元《どうげん》。二人に共通する特徴として、明治以降の著名な文化人が評価したことが挙げられる。親鸞には倉田百三・吉川英治・亀井勝一郎などの作家や哲学者の三木清（碧海［2021］）、また道元には和辻哲郎・田辺元《はじめ》等の哲学者。彼らの評価も手伝って、親鸞と道元は鎌倉仏教の祖師たちの中でもとくに人気のある仏教者だ。本書ではその二人を比較するが、それは二人が二大宗派の宗祖、あるいは人気を博した仏教者という理由からではない。

本書に先立ち、私は何冊かの著書を出版してきたが、『浄土思想史講義：聖典解釈の歴史をひもとく』（春秋社）を上梓して以来、仏教の変容（脱皮・進化）に興味を抱くようになった。誰の目にも明らかだが、ブッダ在世当時の仏教を想起させる南方系（スリランカやタイなど）の僧侶と、肉食妻帯を憚らない日本の僧侶との間には橋渡ししがたい隔たりがあり、同じ仏教とは思えない。

なぜ、これほどまでに仏教は多様化したのか。

その要因は聖典解釈の多様性にあった。聖典が一字一句間違うことなく伝承されていれば、仏教の多様化は起こらなかったはずだ。しかし、仏滅後のインド仏教の段階ですでに聖典解釈は一様ではなく、多様化の一歩を踏み出していた。その是非（賛否）については議論のあるところだが、私自身は「是（賛）」とみる。

ブッダの説法は対機説法であり、相手に応じて説き方を変える。浄土教は時機相応（時代と人間の能力に相応しい）の教えと言われるが、そもそも仏教自体が時機相応の教えであり、変容の力動性を内包する宗教なのだ。以来、仏教の変容は私にとって重要な関心事となった。

聖典解釈が多様化した要因はいくつかあるが、その一つに「改読（伝統的な読みを改めて読むこと)」」がある。改読で有名なのは親鸞だ。親鸞の改読については学生時代より知っていたが、親鸞と同様に道元も独創的な改読を行っている。それに気づいたのは、前著『鎌倉仏教』(KADOKAWA)の執筆中だった。道元は改読のみならず、従来の解釈も大胆に改め、まったく新たな仏教の地平を拓いていた。

それを知ったとき、両者を比較したら面白いことになるのでは、と直感的に閃いた。改読と転釈(新解釈)とを基軸にしながら、それ以外の点でも比較可能な基盤を探ってみると、多くの共通点が見つかった。これが、本書をまとめるに至った経緯である。

親鸞と道元とを比較した著書(遊亀［1986］、ひろ［1994］、五木・立松［2018］等)や論攷(頼住［2011］等)はそれなりにあるので、両者の比較自体は何ら目新しくはない。しかし、それらは学問的な知見に基づかず著述されていたり、また学問的な知見に基づいていたとしても、極めて断片的にしか取り上げられていない。

よって本書では、学問的な知見に基づき、日本仏教史上の二人を比較し、その仏教の特徴を浮き彫りにする。その比較に、私の専門であるインド仏教の視座を加えることで、インド仏教と日本仏教の違いも副次的に明らかになるだろう。

他力と自力で比較される両者の仏教だけに相違点が存在するのは当然だが、その一方で同じ仏教であるがゆえの共通点も見えてきた。「宗教としての仏教／仏教の宗教性」という点から両者の仏教を眺めたとき、「他力vs.自力」という対比は必ずしも正しくないことが理解される。これについては終章で詳しく論じるが、ともかく本書がより深い親鸞理解と道元理解とを提示できたなら、幸甚である。

なお、書名は『親鸞と道元』とし、親鸞を先に出したが、親鸞が道元よりも年上であるという以外に特別な理由は何もない。

【凡例】

①歴史的Buddha、すなわち釈迦牟尼《しゃかむに》（ガウタマ・シッダールタ／ゴータマ・シッダッタ）仏は「ブッダ」とカタカナ表記し、そのほかのBuddhaは「仏」と漢字表記する。ただし、慣用表現は、「ブッダの滅後」ではなく「仏滅後」、「ブッダの弟子」ではなく「仏弟子」等と漢字で表記する。

②漢数字について、固有名詞化している数字は「第十八願」、たんなる数字を表す場合は、「一八歳」などと表記することを基本とする。

③宗祖の著作から引用するさいは、現代語訳することを原則とする。一方、和歌や和讃の引用な

どは、語調を壊さぬよう、現代語訳せずに原文をそのまま載せることを原則とする。
④原文を引用する場合、「たまふ」は「たまう」など、現代かなづかいに改めている。
⑤漢訳仏典や研究の引用では、漢字の旧字を新字に改めている。

※なお、本書では「親鸞仏教」や「道元仏教」という用語を用いる。平岡［2021］で示したように、鎌倉新仏教の特徴は、特定の一行のみを選択して修する「専修《せんじゅ》」にある。それは「多様化し細分化した末端の一つの行（one of them）」を専修として選択したのではなく、逆に「多様化し細分化した仏教のすべてを一つに集約した行（all in one）」として「専修」を確立した。その意味で、親鸞の仏教は浄土教の枠に収まらず、道元の仏教は禅の枠に収まらない。よって、彼らの仏教をそれぞれ「親鸞仏教」「道元仏教」と呼ぶ。「法然仏教」も同じ。

親鸞と道元　目次

序章　生涯と思想

親鸞と道元は、日本仏教史の中で最も人気のある仏教者の双璧だ。ともに鎌倉時代に活躍し、従来にはなかった新しい仏教を展開した。二人が最終的に選びとった仏教は対照的であり、人によってはそれを「他力の仏教 vs. 自力の仏教」と対立的にとらえることもある。その是非は終章で問うとし、まず序章では比較の前提となる二人の生涯と思想とをまとめてみよう（平岡［2021］）。

親鸞の生涯

一一七三年、親鸞は京の日野（京都市伏見区）に誕生した。父は藤原氏の血を引く公家の日野有範《ありのり》、母は源氏の出身の吉光女《きっこうにょ》であった。後に彼の師匠となる法然《ほうねん》は一一三三年生まれなので、ちょうど四〇歳の開きがある。一一八一年、九歳のときに親鸞は伯父の日野範綱《のりつな》に連れられ、後に天台座主《ざす》となる慈円のもとで出家し、比叡山に登った。その後、二九歳までの二〇年間、親鸞は比叡山で修行の日々を送る。

その間の事情は不詳だが、横川《よかわ》の常行三昧堂《じょうぎょうざんまいどう》で堂僧を務めた。しかし長期の修行を続けるも、煩悩を断じ、真理を悟ることは愚昧の自分にはできず、速やかに正覚《しょうがく》に至るということは死ぬまで不可能であると知り、仏に救いを求め、神々に祈り、また善き師匠に出会えることを願った。

ついに親鸞は比叡山を下り、一〇〇日間、六角堂（京都市中京区）に参籠して自己の救済を祈ると、九五日目の夜に夢告を受け、吉水《よしみず》の法然を訪れた。死ぬまで悟りを開けぬ愚昧な自分の進むべき道を真摯に求める親鸞は、「念仏だけで救われる」という法然の教えの真意を理解すべく、一〇〇日間、法然のもとを訪れ、ついに「ただ念仏して弥《み》陀《だ》にたすけられまいらすべし」という言葉に出逢うと、法然の教えに救いの道をみいだした。三三歳のとき、親鸞は法然の『選択本願念仏集《せんちゃくほんがんねんぶつしゅう》（以下、選択集）』の書写と、法然の肖像画を描くことが許された。

一二〇四年の元久の法難で、親鸞は「七箇条制誡《しちかじょうせいかい》」に「僧綽空《しゃくくう》」の名で署名し、一二〇七年の建永の法難（承元の法難）で法然と親鸞はともに僧籍を剝奪され、それぞれ讃岐と越後に流されたが、僧籍を失った親鸞は「非僧非俗」と自らの立場を表明した。四二歳のころ、親鸞は越後から妻子とともに関東に向かい、常陸・下総・下野など関東一円で布教活動を行った。

この関東での教化の結果、親鸞は横曾根門徒・高田門徒・鹿島門徒など多くの信者を獲得したが、その中には『歎異抄《たんにしょう》』の作者である唯円《ゆいえん》（一二二二～一二八九）も含まれている。しかし、親鸞は彼らを「弟子」ではなく、「同朋《どうぼう》／同行《どうぎょう》」と考えた。帰京後も関東の門徒たちとの交流は続き、手紙で教えを説き続けた。

こうして、関東で二〇年ほどの歳月が流れたころ、六〇歳を過ぎていた親鸞は帰洛を決意。その理由には諸説あるが、『顕浄土真実教行証文類《けんじょうどしんじつきょうぎょうしょうもんるい》（以下、教行信証《きょうぎょうしんしょう》）』を完成させるためとも考えられている。当時、都では『選択集』が改版され、念仏の流布をよしとしない明恵《みょうえ》（一一七三～一二三二）は『摧邪輪《ざいじゃりん》』を著し、法然の念仏を厳しく批判した。また嘉禄の法難では念仏が禁止されるなど、都では念仏に逆風が吹き荒れていた。

このような状況下、親鸞は法然仏教の真実を自分なりに明かそうと試みるべく、関東在住中からすでに何度も筆を入れていた『教行信証』を帰洛して完成させようとした。親鸞が去った後の関東でも、念仏にたいして弾圧が加えられ、事態収拾のために息子の善鸞を送ったが、結果的に善鸞は父に背く行動にでたため、親鸞は息子を義絶している。一二六二年一一月二八日、親鸞は九〇歳という長い生涯を閉じた。入滅後、親鸞の遺体は東山の延仁寺で荼毘《だび》に付され、大谷に埋葬された。

出家者ながら妻帯して子をもうけ、息子の善鸞を義絶するという波瀾万丈の生涯は、死ぬまで独身を貫き、持戒清浄として知られる師の法然とは正反対だが、両者とも弥陀の本願を生の中心に据え、念仏の生活を貫いた点では共通する。「現世をすぐべきようは、念仏の申されんようにすぐべし」（『禅勝房伝説の詞《ぜんしょうぼうでんせつのことば》』）こそが大事であり、生活の外相は関係ないことを、二人はそれぞれ対照的な形で実践してみせた。

『教行信証』にみる親鸞の思想

親鸞は多くの著述を残しているが、ここでは主著『教行信証』から親鸞の思想の特徴を探ってみよう。正式な書名に「信」はないが、実際の内容は「教巻」「行巻」「信巻」「証巻」に続き、「真仏土巻《しんぶつど》」と「方便化身土巻《ほうべんけしんど》（以下、化身土巻）」が続く全六巻の構成だ。

このうち「信巻」の扱いが問題になるが、まず「教・行・証」について整理すると、これは三時説（正法《しょうぼう》〔教・行・証〕・像法《ぞうぼう》〔教・行〕・末法《まっぽう》〔教〕）に基づく（後述）。親鸞は法然が明らかにした選択本願念仏の正当性を証明すべく、末世における教と行と証とは何かを探究し、末世でも正法が成り立つことを立証した。親鸞は、末世の「教」を『無量寿経《むりょうじゅきょう》』に説かれた本願念仏の教え、「行」を阿弥陀仏が選択された念仏、そして「証」を阿弥陀仏の救済による極楽往生としたが、さらに「行」と「証」との間に「信」を加える。

念仏（行）を成り立たせる信心、それも衆生《しゅじょう》が自発的に発《おこ》す信心ではなく、「如来《にょらい》より賜りたる信心」こそが衆生を往生成仏させる正因と親鸞は解釈した。「信巻」の成立をめぐっては多くの問題を引き起こし、『教行信証』全体がいかに成立したかは年代も含め、今なお不明。ここでは「信」が親鸞の浄土教を理解する要語であることを確認するに留める。

法然滅後には、法然の念仏説をめぐって批判が噴出した。次世代の明恵が法然の教えを厳しく非難し、また同じ念仏門内部でも、一念義（念仏は一回でよい）や多念義（念仏は数多く称《とな》えるべきである）などの問題、また諸行往生（念仏以外の行による往生）の可否をめぐっては、さまざまな異義・異説が横行したため、親鸞は自分なりにこれらの問題に答えることで法然仏教の正当性を証明するために『教行信証』を著した。

つぎに、内容を概観しよう。まず「教巻」だが、「さて真実の教を明らかにするなら、それは『大無量寿経《だいむりょうじゅきょう》』である。（中略）〔阿弥陀〕如来の本願を説くことが本経の本旨であり、同時に〔阿弥陀〕仏の名号《みょうごう》を経の本体とする」とし、親鸞は『無量寿経』を真実の教えを説く経と定め、その経の要を「如来の本願」に絞り、さらにその精髄を「名号」に凝縮させていく。この名号こそが救済の原理となる。

「行巻」の冒頭では、「つつしんで往相の廻向《えこう》に思いを凝らすと、〔それには〕大行と大信がある。大行とは、無礙《むげ》光《こう》如来のみ名を称えることである。（中略）この行は広大な慈悲によって、〔第十七〕願の中に誓われている」と説かれる。ここでは大行と大信が密接な関係にあると説かれるが、親鸞は行も信も衆生の側の行為ではなく、阿弥陀仏の側から与えられると解釈する。

この願とは『無量寿経』の第十七願「設《も》し我れ仏を得たらんに、十方《じっぽう》世界の無量の諸仏、悉《ことごと》く咨嗟《ししゃ》して我が名を称せずんば、正覚を取らじ」であり、称名といっても、それは自主的に衆生が称名するのではなく、「阿弥陀仏が諸仏に名を称えさせてその声を衆生に聞かせ、それによって衆生に往生の願いをおこさせ、念仏させる」と言う。

「信巻」は「つつしんで往相の廻向に思いを凝らすと、〔それには〕大信がある。〔この〕大信心は（中略）選択廻向の直心《じきしん》、利他深広の信楽《しんぎょう》、金剛不壊《こんごうふえ》の真心（中略）である」と説き、信心は阿弥陀仏が選択し、回向された金剛不壊の信心（信楽）とする。行と同様に信も衆生が自発的に発すのではなく、「如来より賜りたる信心」と理解するのが親鸞の立場で、この信心が菩提心《ぼだいしん》となる。

後半は、五逆罪・誹謗正法《ひぼうしょうぼう》・一闡提《いっせんだい》という三種の極悪人（難化《なんけ》の三機）の救済を主題とする。「今、如来の真実の教えによれば、教化が難しい三種の人、治療が難しい三病に罹った人は、大慈悲の誓いを頼りとし、他力の信心の海に帰依《きえ》すれば、〔如来は〕これを憐愍《れんみん》して治療してくださる」と述べ、どんな極悪人も救済されるとする。

「証巻」は、その冒頭で「煩悩が旺盛な凡夫《ぼんぶ》や、輪廻《りんね》を重ねて罪の汚れに満ちた人々も、往相廻向の信心と行（念仏）とを獲得すれば、即座に大乗の正定聚《しょうじょうじゅ》の仲間に入る。正定聚に住するので、必ず悟りを開くことができる」と説き、信心の行者はこの世では正定聚（成仏が確定した状態）に住し、来世では必ず涅槃《ねはん》に至ると言う。涅槃という証も当然、衆生が自力で獲得するのではなく、阿弥陀仏の願によって成就される。

その後、「真仏土巻」と「化身土巻」が「真／化」の対比で置かれる。親鸞は「真仏土巻」の冒頭で、「真実の仏とその浄土に思いを凝らすと、仏とは不可思議光如来であり、浄土も無量光の明土である。よって、〔それらは〕広大な慈悲の誓願に答えて、その報いとして完成されたものだから、真実の報仏・報土と言う」と説く。また「真仏土巻」の特徴は、『大乗涅槃経《だいじょうねはんぎょう》』が長々と引用され、「仏性」が論じられていることだ。

最後は「化身土巻」。化身土とは真仏土にたいする用語で、その真仏土に衆生を導くための方便として仮に立てられた仏土である。「信巻」と同様、この「化身土巻」も異彩を放つ。親鸞は私釈で自説を展開するにあたり、両巻にのみ問答形式を用いているからだ。そこには問答を通して問題を深掘りしようとする意図がみてとれ、それだけに「信巻」と「化身土巻」にたいする親鸞の思いが伝わる。それが両巻の特徴で、問答形式にくわえ、そこに割かれる圧倒的な分量もそれを物語っていると言えよう。

如来より賜りたる信心

ではここで、親鸞浄土教の最大の特徴でもあり、また親鸞が到達した全仏教の行の統合とも言える「信心」についてまとめておく。

平岡［2021］で明らかにしたように、親鸞はまず『法華経《ほけきょう》』の一仏乗思想（本書第五章で詳説）を換骨奪胎させて、全仏教を「誓願一仏乗」に統合する。そしてこの阿弥陀仏の誓願を、仏の側から衆生への一方的な働きかけとみなし、「如来の本願力より回向された信心／如来より賜りたる信心」を導きだし、その信心を、大乗仏教で重視される「菩提心」や「仏性」と同一視し、これらを信心に吸収していった。

こうして、信心こそが究極の「往生の正因」として純化されるが、ここに親鸞の専修の特徴がある。「信心」を「行」とみなすことに違和感があるかもしれないが、仏教の業論にしたがえば、人間の行為は、三業《さんごう》（身業《しんごう》・口業《くごう》・意業《いごう》）に分類され、意業も人間の行為（業）とみなすから、広い意味では「信心」も「行」に含まれる。さらに言えば、「真実の信心は必ず称名を伴う」とも説くので、親鸞の全仏教の統合、あるいは全仏教の行の統合は「信心（念仏を含む）」において完成すると言える。

ではその信心は何を契機に得られるのか。

ここで「聞《もん》（名）」という行為が重要となる。「如来より賜りたる信心」も、自ずからそれが得られたり、自覚されたりすることはない。ここに「聞」の意義がある。『無量寿経』第十八願の成就文に「其の名号を聞きて信心歓喜し、乃至一念せん」とあり、ここに「信」の根拠として「聞」が位置づけられる。親鸞はこの両者の関係を『一念多念文意《もんい》』で、こう説明する。

「聞其名号《もんご》」とは、本願の名号を聞くと〔仏は〕仰っている。「聞く」というのは、本願〔のいわれ〕を聞いて疑う心がないことを「聞」と言う。また「聞く」とは信心を表すお言葉である。「信心歓喜乃至一念」というのは、信心は〔阿弥陀〕如来の御誓願を聞いて疑う心がないことである。

まず「聞」という入力の行為があり、それに基づき「信」が成立するが、その成立の根拠は「無疑（阿弥陀仏の本願に疑いがないこと）」であり、「無疑」に基づき「聞＝信」が成立する。これを真宗では、「聞即信」と表現する。こうした「聞即信」が成立しうるのは、すでに「聞く」という、衆生からすれば受身（受動）の行為の中に「他力回向が働いている」ことが重要であり、親鸞は「信」の回向を「聞」に遡って明らかにした（石田［1989］）。

これは親鸞自身の思想ではないが、「如来より賜りたる信心」を発展させると、念仏観も変わってしまう。本願寺第三世の覚如《かくにょ》には「信心正因／称名報恩」という思想があり、これが今日の真宗教義の根本となる。「信心正因」とは、信心こそが往生の正しき因であり、称名によって往生するのではないと説く。

では、称名の存在価値は何か。それは信心獲得後、阿弥陀仏に救済されたことのありがたさを表現し、阿弥陀仏のご恩に報いるための行為「称名報恩」であり、法然の念仏観とは大きく異なる。

以上が、親鸞仏教の〝急所〟と言えよう。

道元の生涯

一二〇〇年、道元は源通親《みちちか》を父とし、藤原基房《もとふさ》の娘である伊子《いし》を母として、上級貴族の家に生まれた。親鸞誕生の二七年後のことである。幼少期に母を亡くしたことを契機として、一四歳のとき比叡山で出家して天台宗の僧侶となった。道元は修行を不要とする天台本覚思想（第四章で詳説）に疑問を抱き、比叡山を下りると三井寺《みいでら》の学匠である公胤《こういん》を訪ねてその疑問をぶつけたが、公胤はそれには答えず、入宋して禅を学んだ栄西《えいさい》に尋ねるように指示する。

これに従い、道元は建仁寺に赴くと、栄西の弟子の明全《みょうぜん》に師事して臨済禅を学んだ。建仁寺には栄西の弟子で入宋した僧侶が多くいたので、中国留学に関する情報が豊富に得られた。こうして建仁寺の門を叩いたことを機縁とし、道元は本場中国で禅を学ぶため、明全とともに入宋した（明全は宋滞在中に示寂《じじゃく》）。中国で道元はすぐれた禅僧と邂逅し、大きな知的刺激を受けつつ、道元の本格的な思想形成が始まる。

典座《てんぞ》（禅寺で修行僧の食事等を担う役職）との会話は有名だ。中国の天童山で修行していたときのこと、昼食を終えた道元が廊下を歩いていると、年老いた典座が真夏の炎天下で料理用の海藻を干していた。「そのような仕事は他の人に任せれば」と声をかけると、典座は「他人がしたのでは意味がない。自分こそがすべき仕事である」と応えた。道元がさらに「このような炎天下にわざわざしなくても」と言うと、「今やらなければ、いつやるのか」と典座は返答した。

道元は修行を坐禅などの特別な行と理解し、台所仕事などは雑用と考えていたが、この典座とのやりとりで、日常生活の一挙手一投足が修行であると思い至り、典座をたんなる炊事係と思い込んでいた自分の誤りに気づいたという。

さて道元にとって、師匠となる天童如浄《てんどうにょじょう》との出逢いは決定的であった。如浄は徹底した只管打坐《しかんたざ》（ひたすら坐禅すること）の実践を重んじた（これは帰国後の道元が仏道修行の基礎に据えた姿勢）。また如浄は臨済や曹洞といった宗派的発想を嫌い、常に全一の仏法を旨としていた。道元はその如浄と一二二五年、一対一の面授相見を果たし、彼のもとで坐禅を修した道元は「身心脱落《しんじんだつらく》」して悟りを開いたのである。この後、道元は如浄に随身し、親しく教えを受けた。

一二二七年七月、道元は天童山を辞し、帰国することになるが、そのさい如浄は道元を法嗣《ほうし》（正統的な禅の教えの継承者）と認めた証として、嗣書《ししょ》（インド・中国における禅の継承者の名前を連ねた書）を道元に手渡している。これにより、道元は法の師資相承《ししそうじょう》において インドのブッダに直結することになり、「仏祖直伝の法を自分が継承して弘通《ぐずう》する」という強い使命感を持つことになった（この正統性の担保は、禅宗にとって、また道元にとって、きわめて重要な意味を持つ。後述）。その直後、如浄は道元の帰国を見届けたかのように示寂した。

二八歳で帰国した道元は、坐禅の心構えや坐禅の作法を詳細に規定した『普勧坐禅儀《ふかんざぜんぎ》』を著し、禅の普及に専心する。一二三三年には、京都深草（伏見区）に日本初の本格的な禅院である興聖寺《こうしょうじ》を開創し、出家在家を問わず、禅の教化に努めた。その後、四四歳になると、京都を去って、道元の外護者《げごしゃ》である波多野義重の領地があった越前国(福井県)に下り、そこに永平寺を開くと、そこを拠点として弟子たちの指導に尽力した。越前国への下向の理由については、現時点でたしかなことは不明。

越前に下向した後、道元は一二四七年に時の執権・北条時頼《ときより》の招請に応じて鎌倉に赴いている。その理由は、時頼に菩薩戒《ぼさつかい》を授け、道俗男女にも授戒するためであり、また時頼からすれば、鎌倉に寺院を建立し、その開山として道元を迎えたかったが、道元はそれを辞退したと伝えられている。ともかく、半年あまりの鎌倉滞在は、道元にとって必ずしも満足のいくものではなかった。

道元の著書と言えば『正法眼蔵《しょうぼうげんぞう》』が有名だが、道元はこれを京都滞在中に執筆しはじめ、越前に移ってからも執筆を継続した。一二五二年秋ごろから体調を崩し、京都に戻った翌一二五三年八月二八日、遺偈《ゆいげ》を残して示寂すると、遺骸は京都東山で荼毘に付され、遺骨は弟子の懐奘《えじょう》(一一九八〜一二八〇)が永平寺に持ち帰った。

身心脱落:仏道修行の出発点

道元の思想を知るには、その主著『正法眼蔵』を手がかりにしなければならないが、その中でもとりわけ冒頭の「現成公案《げんじょうこうあん》」は、道元による「仏教世界への導入書」的性格を持つため、きわめて重要である。では、その内容をみてみよう。ここには、道元の基本的立場が端的に述べられている。

仏道をならうとは、自己をならうことである。自己をならうとは、自己を忘れることである。自己を忘れるとは、一切の存在によって悟らされることである。一切の存在によって悟らされるとは、自己の身心、また〈自己と繋がる〉他者の身心を解脱〈身心脱落〉させることである。

表現は簡略だが、内容は難解だ。「一切の存在によって悟らされる」や「自己および他者の身心」とはいったい何を意味するのか。

最初の「自己をならう」とは、本質的に自己〈私〉とはいかなる存在なのかを明らかにすることだ。自分の名前や出身地、あるいは生育歴といった意味での「自分」ではなく、そのような属性をすべて取り払ったときの「真っ裸の自分」の存在を問題にする。

自己存在を徹底的に追求すること、それが仏道であると道元は言う。それは裏を返せば、真実の自己に目覚めることを意味し、ここに仏教の本質をみようとするのが道元仏教だ。

そして、それは「自己を忘れることである」と言う。仏教の根本思想は「縁起《えんぎ》」であり、縁起に基づいて「無我」を説く。縁起とは「何かに縁《よ》って起こること／何かを縁として起こること」を意味するので、この世のすべてはそれ自身で存在しているのではなく、他者との関係性の中で存在しているというのが縁起の考え方だ。

とすれば私（自我）という存在も、それ単独で存在しているのではなく、自分以外のものとの関係性において存在しているので、他者と切り離された固定的（実体的）な「自我」は存在しない。だが、人間は煩悩ゆえに自己を他の存在から切り離し、それ単独で存在するかのごとく錯覚し執着する。これが「我執」だ。つまり「自己を忘れる」とは、そのような執着に基づく自己を解き放ち、我執をなくすことを意味する。

では、つぎの「一切の存在によって悟らされること」とは何か。仏教は我執を否定することで、「無我」の自覚を目指す。自我意識が完全に破られたところに現出するのが無我の境地である。よって悟りの体験は「私は真理を悟る」というように、「私」を主語には語り得ない。なぜなら、「私」は「自我」を象徴するからだ。

そして最後に「自己の身心、また〔自己と繋がる〕他者の身心を解脱させること」が置かれる。仏教の縁起思想に基づけば、紙の裏と表のように、自己と他者（他己）とは縁起という関係性の中で繋がっている。このように自己は「縁起的存在」として他者との関係性に影響を受けながら、時々刻々と変化しつつ、時間的には「今（いま）」、空間的には「此処（ここ）」に、「この私」として現象しているにすぎない。これに気づけば、自己のみならず他者の身心も解脱する。

このように自己を究明していくと、世俗的な意味での固定的で実体的な自己存在は雲散霧消し、そこをさらに突き抜けていくと、自分は一切の存在と繋がっていることに気づかされる。そして、自己と他者とは縁起で繋がっているから、自己の身心脱落は他者（他己）の身心脱落でもある。

只管打坐

では、道元の専修について説明しよう。道元が選択した行は禅、とりわけ坐禅である。そしてこの坐禅にひたすら打ち込むことが「只管打坐」と呼ばれる。

禅（定）とは「精神集中」を意味するから、必ずしも「坐る」必要はないが、坐る方が精神を集中しやすいのはたしかだ。ブッダも成道《じょうどう》にさいしては、菩提樹の根元に坐った。しかし中国仏教になると、少し変化がみられる。中国唐代以降は、特別な修行方法を重視せず、日常生活そのものを仏道修行と考えるようになった。

すでに引用した、典座と道元との逸話はそれを象徴していたし、そのような態度に道元も大きな影響を受けた。しかし道元は、日常生活を修行とみながらも、「坐禅」を重視する方向へ移行していく。ではなぜ、道元は坐禅を重視するのか。その理由を『弁道《べんどう》話《わ》』に求めてみよう。

「仏道に多くの門がある。どうして坐禅ばかりを勧めるのか」

「それが仏法の正門だからだ」

「なぜ〔坐禅〕だけが正門なのか」

「〔坐禅は〕大師たる釈尊が正伝した得道へのすばらしい術であり、一切の如来がみな坐禅によって得道されたからだ。それゆえに今、〔すべての〕人々と神々に正しい入り口を示すのである」

理由は単純明快で、坐禅こそが正統的な悟りの行であるからだ。インド仏教以来の伝統的な三学（戒《かい》・定《じょう》・慧《え》）の関係は、「戒律を遵守し、禅定《ぜんじょう》によって精神を集中することで、最終的に智慧を得る」と説明されるので、「戒と定は慧という目的のための手段」という関係になる。しかし、道元は修証一等《しゅしょういっとう》を説き、坐禅（修＝定）と悟り（証＝慧）とを同一視したので、伝統的な三学の理解とは異なるが、ブッダが坐禅を因として悟りという果を得たことは、歴史的に動かしがたい事実である。

禅の強みはこの正統性にある（後述）。ブッダは坐禅で悟りを開いたのであるから、禅門の人々は、この事実こそを〝錦の御旗〟とするが、それはともかく、この菩提樹下のブッダの坐禅が、道元という濾過器を通して「只管打坐」に昇華していく。

では、この只管打坐は道元の独創なのか。あるいは師匠である如浄の影響なのか。道元の『永平広録』などは「只管打坐は如浄の教えにしたがった」と記すが、中国禅の歴史の中で「只管打坐」を標榜した祖師はおらず、如浄がこの言葉を発したという記録も、道元の著書の中にしか存在しない。この事実から、石井［2016］は如浄の言葉と自分の修行体験とをかけあわせ、それを「只管打坐」という用語に結晶化させたと想定する。道元は独自性を発揮しながらも、それを如浄から継承したととらえたことは、弟子ならではの謙虚な姿勢と言える。よって、只管打坐は道元独自の思想と考えてよい。

正伝の仏法：正統性の強調

禅宗の強みは、その正統性にある。その証拠に、道元は『正法眼蔵』において「正伝の仏法（正しく伝わった仏法／正統的に伝わった仏法）」というように「正伝」の用例は九〇を数える。ブッダ以来、坐禅がいかに由緒ある行であるかを誇示しているのだ。

さきに引用した「仏法の正門」も坐禅の正統性を強調していたが、『弁道話』では「三学の中に「定」、また六波羅蜜《ろくはらみつ》の中に「禅定波羅蜜」があり、坐禅は数ある行のうちの一つにもかかわらず、なぜ「坐禅」の中に如来の正法が集中しているのか」という問いにたいし、道元は「今、この如来一大事の正法眼蔵である無上の大法を、わざとせばめて禅宗となづけるから、そんな疑問が起こってくるのだ」と前置きして、こう答える。

禅宗という名称は中国で起こり、インドには存在しなかった。達磨《だるま》大師等、代々の祖師たちが坐禅に専念しているのを見て、愚かな在俗者たちが実情を知らずに「（坐）禅宗」と称しているだけで、三学や六波羅蜜の中の「定／禅定」にならって（禅宗と）称すべきではない。ブッダから迦葉《かしょう》へ仏法が正伝されたことは紛れもない事実で、天上界の天人がこれを現に目撃している。疑うべきではない。

そして、「これこそ仏法の全道である。他と並べて論ずべきものではない」と結論づける。道元は坐禅が「仏法の全道」と言い切る。坐禅がすべてなので、他の行は比較すべき対象にならない。この正統性こそが、坐禅という行の絶対的な権威となる。

正伝（正しく伝えられた）の中身は「仏法」であるが、それは抽象的であり、直接目にみえない。そこで、この正伝（正統性）を目にみえる形で示したものが、「伝衣《でんえ》」と「嗣書」なのである。衣は物質的存在であるから、ブッダ以来、正しく伝承されてきた衣は具体的であり、触ることもできる。また嗣書はブッダから道元に至る正伝の系譜が名前入りで記されているから、自分からブッダまでの繋がりを目で確認することもできる。では『正法眼蔵』「伝衣」を手がかりに、正統性の強調を確認してみよう。

仏法を正しく伝える正しい系統によって、仏衣もまた伝わり、受け継がれていく。仏法を正伝する祖師は、当然、仏衣を受け継いでいるのであって、このことは人間界にも天上界にもあまねく知れわたっているところである。そういうわけで、仏の袈裟《けさ》の材料・色彩・大きさなどを正伝しており、それに親しく関わってきている。このように、仏衣の大功徳《くどく》を正伝し、仏の命そのものを正伝することは、正しい系統に属する者の勤めである。

このように、正伝の仏法の物的証拠（物証）は、一つには「衣」の伝授ということになる。もう一つの物証である「嗣書」については、『正法眼蔵』「嗣書」をみていこう。そこには、つぎのような記述がみられる。

ここの仏道は、嗣法のときに必ず嗣書がある。もし嗣法がなければ、それは天然外道にほかならない。もし仏法が嗣法を定めていなければ、どうして今日まで続いていることができようか。だから仏が仏になるときには、必ず仏が仏を嗣ぐ嗣書が存在しているのであり、その嗣書を手に入れるのである。

道元は伝衣とならんで嗣書を正統性の物証として重視する。また道元は「正しい師匠に師事すること」も強調するが、これも正統性を担保することに繋がるからだ。

第一章　機と法

親鸞と道元の仏教が極めて対照的であることはすでに指摘したが、それは二人の機と法とにたいする態度に起因する。機とは機根、すなわち人間の能力のことであり、法とは本来、理法（真理そのもの）あるいは教法（その真理を言葉で表現したもの／真理に導く言葉）を意味するが、ここでは「仏」も含めた「絶対なるもの」と理解しておく。つまり、機と法との関係は〝人間〟と〝人間を超えた超越者〟との関係を意味する。

「法」の意味

仏教で「法」と漢訳される原語は「ダルマ」である。これは多義性のある語で、文脈によってその意味をいちいち判断しなければならない。三宝（仏・法・僧）の「法」と、三法印あるいは四法印の「諸法無我」の「法」とでは、その意味内容が大いに異なる。

では、「法（ダルマ）」の語源から確認していこう。これは「維持する」を意味する動詞から派生した名詞なので、本来は社会・世界を維持する「法則・理法」、あるいは世界や宇宙を貫く「道理・真理」を意味するし、またブッダが説いた「教え」もダルマの意味内容となる。表現を超えた道理・真理としてのダルマは不変で一つだが（不易）、それを言葉で表現したもの、あるいはそこに導くための教えとして言葉で説かれたダルマは多様性を帯びることになる（流行）。

ほかにも、仏教独自の用法として「法」は「存在」も意味する。さきの「諸法無我」がこれに当たる。「諸法無我」は「諸々の存在には我（実体）が無い」という意味になるので、「空《くう》」を意味する。それはともかく、ここでは「道理・真理」を意味するダルマを「理法」、教えとして言葉で説かれたダルマを「教法」と区別する。

では「理法／教法」を意味するダルマが、なぜ「仏」の意味で使われるのか。これについては、「仏身観」が関係している。仏身観とは、文字どおり「仏の身体をどう観るか」という問題だ。肉体だけに限定すれば話は簡単だが、実際には複雑な議論が存在する。以下、この問題を整理しておこう。

仏滅後、しばらくして仏の身体を二つに分ける「二身説」が誕生した。「仏」といっても初期仏教の段階で仏は仏教の開祖ブッダを意味する。ブッダも我々と同じ肉体を有する人間だったが、「〝真理に目覚めた〟人間」であるかぎり、我々とすべての点で同じと言うわけにはいかない。

ではブッダと我々とは何が違うのか。それは「真理に目覚めた」という点で、「ブッダの身体の本質はダルマだ」と当時の仏教徒は考えた。たしかにブッダは肉体的な身体を有するが、それは「色身《しきしん》」（「色」とは「物質」の意）であり、ブッダをして「仏」たらしめている本質はダルマであるから、本質的にブッダは法を身体とすると考えられるようになる。これが「法身《ほっしん》」だ。こうして、「色身／法身」の二身説が誕生した。

この議論の背景には、仏滅後、懸命にブッダの永遠性を担保しようとした仏教徒の努力がうかがえる。仏身を「色身」に限定すれば、荼毘に付された後に遺骨は残るが、ブッダの身体は完全に消滅したことになる。だが、ブッダの身体の本質が「法身」なら、永遠に滅びることはない。こうしてブッダの永遠性を担保すべく二身説が誕生したが、大乗仏教の時代を迎えると、二身説は三身説としてさらに展開する。

これは「法身／報身《ほうじん》／応身《おうじん》」の三つで、修行の結果、真理（法身）を悟った状態を

「報身（修行の報いとして得られた身体）」、人々を救済するために悟りの世界から出てきた身体を「応身（人々の願いに応じて現す身体）」と言う。これは大乗仏教時代に初めて現れた考え方だが、その模範はブッダの生き方にある。

ブッダは真理（法身）を悟り、その報いとして法楽を享受したあと（報身）、梵天勧請《ぼんてんかんじょう》により、悟りの世界に留まるのをよしとせず、ふたたび俗世間に戻ってさまざまな人々に応じた法を説いた（応身）。よって、三身説はブッダの生き方を理論化したものとも言えよう。法が仏を意味する背景には、この「法身」という考え方がある。

「機」の意味

機といえば「対機説法」という用語が思い浮かぶ。これは「相手の能力（機）に応じて法を説く」というブッダの説法の特徴を表現している。人間は一人一人能力が異なるから、ブッダはその能力に合った法を巧みに説いた。しかし、対機説法という用語はインド仏典には確認できない。最も早い用例は、中国唐代の善導《ぜんどう》（六一三～六八一）の主著『観無量寿経疏《かんむりょうじゅきょうしょ》（以下、観経疏《かんぎょうしょ》）』に確認できる。では、なぜ機が「能力」の意で用いられるのか。中村［1981］の辞典によれば、主な「機」の意味は以下のとおり。

①もののかなめのこと／根本的な事がら。枢機・要機の意
②からくり／しかけ。機関の意
③はたらき／動作／機用・禅機の意。心の機縁（時機・因縁）、転じて心構え
④現象がまだ発動しない前のきざし／ものに触発して生ずる可能性／兆候
⑤はずみ／きっかけ／おり。契機／機縁／発動すること
⑥はずみ。仏道修行というネジをかけることから、転じて仏の教えに触れることによって発動する精神的・心的な能力／弟子の能力・素質／修行者の性質・力量／教えを受ける人の精神的素質／衆生の宗教的素質／縁あって現われ出る可能性
⑦教えられる相手・人／教えを聞く人／修行して教えを聞く人

⑥からわかるように、ネジをかけて動く機械に喩えられることから転じて、「能力」や「人」を意味するようになった。本来はただそれだけの意味だったが、浄土教はこの語に特別な意味を付与するようになる。それはたんに「能力」を意味するに留まらず、「劣った能力／能力の劣った人」をも意味するが、このような特別な意味が込められる

ようになるのは、「末法」という時代背景が大きく影響している。

仏教の歴史観は「下降史観」だ。つまり、時代が下るにつれて、世の中（および、そこに暮らす人）の質は低下するとみる。末法思想そのものはインドに起源はないが、「下降史観」自体はインドに起源がある。ブッダの時代、出家者は男性だけであったが、仏弟子アーナンダの取りなしで、ブッダの養母マハープラジャーパティーが女性として初めて出家し、女性に出家の門戸が開かれたことで、本来なら一〇〇〇年続く予定であった正法は五〇〇年で消滅することになったと言う。

それを承け、中国ではさらにこの「下降史観」が洗練され、正法・像法・末法という三時説が成立した。以下、三時を整理する。

①正法：正しい教え（教）があり、それにしたがって修行する者（行）がおり、そして修行の結果、悟りを開く者（証）がいる時代　↓　教・行・証

②像法：正しい教え（教）があり、それにしたがって修行する者（行）はいるが、修行しても悟りを開く者（証）がいない時代　↓　教・行（証なし）

③末法：正しい教え（教）のみがあり、それにしたがって修行する者（行）も悟りを

開く者（証）もいない時代　↓　教（行・証なし）

このように、段階を追って時代は悪くなるというのが三時説である。では、それぞれの時代は何年続くのか。これは資料で異なり、また仏滅年代をどこに設定するかで末法に入る年代も異なる。仏滅年代には、紀元前九四九年説と紀元前六〇九年説の二つがあり、また正法と像法の期間も一五〇〇年説と二〇〇〇年説の二つがあるので、この組み合わせから、末法に入る時期はつぎの四説となる（平［1992］）。

①紀元前九四九年説＋正法像法一五〇〇年説＝五五二年説
②紀元前九四九年説＋正法像法二〇〇〇年説＝一〇五二年説
③紀元前六〇九年説＋正法像法一五〇〇年説＝八九二年説
④紀元前六〇九年説＋正法像法二〇〇〇年説＝一三九二年説

中国では①が普及したので、とくに隋から唐代にかけての仏教、また日本では②が圧倒的な広がりをみせたため、平安末期以降の仏教は末法思想に大きく影響を受けた。当時の仏教徒すべてが末法に感化されたわけではなかったが、浄土教はあきらかにその影響を強く受けている。そして、その末法の影響を色濃く反映した浄土教の人間観（ひいては自己省察）は、自ずと否定的にならざるを得ない。

否定的な人間観

では浄土教家の人間観がいかに否定的か、その一端を紹介する。まずは中国唐代に中国浄土教を大成させた善導からみてみよう。

善導浄土教の特徴は「三心《さんじん》」にある。この三心具足《ぐそく》を浄土往生の要件とみるが、三心とは至誠心《しじょうしん》（内と外とが一致した真実の心）・深心《じんしん》（深く信じる心）・回《え》向発願心《こうほつがんしん》（自分や他者が修めた善根をすべて極楽浄土への往生に回し向け、そこに往生したいと願う心）の三つを言う。このうち、深心について、何を深く信じるかというと、一つは自分が自力では解脱できない罪悪生死の凡夫であること（信機／機の深信《じんしん》）、もう一つはそのような自分が阿弥陀仏の本願力で往生できるということだ（信法／法の深信）。

これは二つで一つであり、阿弥陀仏という他力によって救済されるには徹底的に自分の自力を否定することが必要になる。自分の自力の限界を知り、それに絶望することが、阿弥陀仏の本願他力を素直に受け入れる素地をつくる。よって、自力の可能性を少しでも認めている間は、阿弥陀仏の本願他力を心の底から受け入れることはできない。

そう考えれば、善導浄土教の特徴は「懺悔」にある。その著作には随所に懺悔が散見し、善導は上・中・下の三種の懺悔を説いているが、とりわけその最上位は「身の毛孔の中より血流れ、眼の中より血がでる」という懺悔だ。

末法という時代的危機意識と、そこに住まう劣悪な人間（凡夫）とに焦点を当て、また善導も自分自身をそのような人間の一人として理解したからこそ、懺悔という厳しい自己批判（機の深信）を通じ、阿弥陀仏の本願他力に全面帰依（法の深信）した。

つづいて、その善導の影響を強く受け、「偏依善導一師《へんねぜんどういっし》（偏に善導一師に依る）」を標榜して浄土宗を開宗した法然をみてみよう。

仏教の修道体系は複雑であるが、これを簡略に示すなら「三学」、すなわち戒・定・慧の三つである。戒律を遵守し、禅定（精神の集中）を修して、最後には智慧の獲得を目指すというのが仏教の修道の基本である。したがって、伝統的な考えにしたがうなら、この三学を修めないかぎり、悟りは開けない。

出家した法然も、最初はこの三学を修めようと必死で努力した。妻帯した親鸞とは対照的に、法然は生涯独身を貫いて戒律を遵守し、戒師として多くの人々に授戒した。また二五年間の黒谷《くろだに》での引き籠もりの最中、法然は一切経を五回も読破し、勉学に励んだので、世間からは「智慧第一の法然房」と称された。

さらには、回心後、念仏の生活に没頭し、精神集中した結果、三昧発得《さんまいほっとく》（宗教体験）したとも伝えられる。その法然が「三学の器に非ず（三学非器）」と自らを評し、自らに絶望した。周囲からみれば完璧とも思える法然が、自らを最低の人間と見なす。

自己省察が深まるほど、自分自身の奥底に沈殿する汚泥のごとき悪の存在に驚愕し嫌悪し、聖道門《しょうどうもん》（従来の仏教）では解脱できないことをより深刻に自覚することになる。「三学非器」とは、聖道門では解脱の道が閉ざされたことを意味する。この深い自己省察に基づき、法然は「出離の縁なき衆生」と自己に絶望した（平岡［2019a］）。

最低最悪の自己と無我

その法然に騙されて地獄に堕ちてもかまわないとまで言い放った親鸞は、どのように自己を省察したのか。自己省察の前にまずは親鸞の人間観からみていく。

『教行信証』「信巻」で、親鸞は人間を「一切の群生海《ぐんじょうかい》、無始よりこのかた、乃至今日今時に至るまで、穢悪汚染《えあくわぜん》にして清浄の心なし。虚仮諂偽《こけてんぎ》（真実に反したいつわりとへつらい）にして真実の心なし」ととらえる。

ほかにも、「十方衆生、穢悪汚染にして清浄の心なし。虚仮雑毒《ぞうどく》にして真実の心なし」（『浄土文類聚鈔《じょうどもんるいじゅしょう》』）、「煩悩具足の衆生は、もとより真実の心なし、清浄の心なし、濁悪《じょくあく》邪見のゆえなり」（『尊号真像銘文《そんごうしんぞうめいもん》』）とも言う。「人間の側に清浄なるものや真実なるものは欠片も存在しない」というのが親鸞の基本的人間観だ。親鸞はこの「人間」に自己を含めるのは当然だが、こと自己の省察になると、さらに厳しい。『教行信証』「信巻」をみてみよう。

じつに身をもって知った。悲しいことに、愚禿《ぐとく》親鸞（私）は愛欲の広い海に沈み込み、名利の大きな山に迷い込んでしまって、成仏が確定している人々の仲間に入ることを喜ばず、真実の悟りに近づくことを快く思わない。恥ずかしいことだ、悲しいことだ。

また『正像末和讃《しょうぞうまつわさん》』の最後にある「愚禿悲歎述懐」一六首は、親鸞が悲しみ嘆いて述懐したものだが、ここにはつぎのような表現がみられる。最初の三首を紹介しよう。

浄土真宗に帰すれども　真実の心はありがたし　虚仮不実のわが身にて　清浄の心もさらになし（一）

外儀《げぎ》のすがたはひとごとに　賢善精進《けんぜんしょうじん》現ぜしむ　貪瞋邪偽《とんじんじゃぎ》おおきゆえ　奸詐《かんさ》ももはし身にみてり（二）

悪性さらにやめがたし　こころは蛇蝎《じゃかつ》のごとくなり　修善も雑毒なるゆえに　虚仮の行とぞなづけたる（三）

つぎに、親鸞が最低最悪の自己の救いを懸命に模索した証左を、少し違った観点から考察してみよう。

『教行信証』をひもとけば、『大乗涅槃経』からの引用の多さに驚く。『大乗涅槃経』は「一切衆生悉有仏性《いっさいしゅじょうしつうぶっしょう》（一切の衆生に悉く仏性有り）」を理念に、凡夫でも煩悩を断ずることなく涅槃に入ることができると説く経典であり、一闡提の成仏を問題にする。「断善根／信不具足」とも漢訳される一闡提は、成仏の可能性のない存在のことだが、『大乗涅槃経』はその一闡提も成仏できると説く。親鸞はこの一闡提に自らの姿を重ね、自らを一闡提とみなしたからこそ、『大乗涅槃経』に注目したと考えられよう（阿満［2007］）。

このように親鸞は、人間には一片の真実も清浄もないと自覚したが、そのような自分が今、法然を通して念仏の教えと出会い、歓喜踊躍《かんぎゆやく》するほどではなくとも、なぜ信心を得、自らの罪悪性に気づくことができたのか。そう自問した親鸞が、その要因を自己の内に求めるはずがない。あるのは阿弥陀仏の本願力、あるいはその本願力から回向された信心のみと結論づけた（平岡［2021］）。

では、道元はどうか。道元の生涯をみると、幼少期での母の喪失など暗い部分も見え隠れするが、道元には親鸞のような否定的な自己省察はない。逆に日蓮のような肯定的自己認識（平岡［2019a］）もない。道元仏教は本覚思想に基づき（第四章で詳説）、「衆生は本来、仏なり」という点から出発するので、その仏が悩んだり、否定的に自己を認識したりすることはないのである。

道元仏教には「泣き言を言う暇があったら、ただひたすら坐れ」という克己的厳しさがある。浄土教家のような〝湿っぽさ〟や〝翳り〟はない。くわえて、道元仏教は「無我」を目指すので、現実的な「我」については語らないことも影響しているのだろう。

末法観の相違

親鸞と道元は末法思想をどう理解したのか。親鸞が末法思想に基づいて自らの仏教を打ち立てようとしたことはたしかだが、法然に比べると、そこには若干の相違が確認できる。

法然は自力で悟ることを断念し、末世の人間にできるのは念仏だけであり、念仏往生が先決だと説いた。法然仏教で誤解されるのは、極楽往生が最終目的だとされる点だ。法然仏教も仏教であるかぎり、悟りをめざすのは当然であり、その意味で「極楽往生」は手段に過ぎない。極楽とは修行に適した場所であるから、往生を果たした後はそこで修行し、悟りを開き、そして衆生救済のために極楽を去らねばならない。ともかく、法然は大乗仏教で重視される菩提心も末法の衆生が発すのは不可能であると考えていったん斥け（往生後には獲得されるので）、念仏最優先の仏教を確立した。

これを承けた親鸞も法然と同じ立場を取るが、親鸞は末法にふさわしい「教・行・証」を模索し、『教行信証』を著したことはすでに指摘した。このほかにも、親鸞は法然が否定した菩提心も解釈しなおし、『教行信証』「信巻」では、菩提心を「横（他力）

／竪（自力）」と「超（飛び超える）／出（進み行く）」の組みあわせで四つに分類し（竪出《じゅしゅつ》・竪超《じゅちょう》・横出《おうしゅつ》・横超《おうちょう》）、仏教の教相判釈《きょうそうはんじゃく》を試みる。このうち「横超」こそが〝阿弥陀仏の本願力で回向された信心〟であり、これが浄土教の菩提心とする。こうして菩提心の解釈を変えることで、法然が一旦は否定した菩提心を親鸞はふたたび浄土教的に甦らせた。

このように、親鸞仏教は法然仏教とまったく同一ではないが、末法思想という大前提の上に成り立つことは間違いない。

では道元はどうか。その前に、同じ禅家である栄西の末法観をみておこう。

栄西は『興禅護国論《こうぜんごこくろん》』第三章で「末代の人は能力が劣るので、〔戒の〕扶助がなければ正行も滅んで行われなくなる。そこで正行と扶助〔の戒〕が一緒になって広くその教えが行き渡る」とし、まずは戒律の重要性を指摘する。そして同じ第三章で「般若経《はんにゃきょう》、法華経、涅槃経の三経をよくよく考えると、みな末世の坐禅観行の教えの要点を説いている」とし、経典を典拠に、末法でも坐禅観行が実践可能であると考える。

さらに第七章では、きわめて端的に「今こそ、この禅を末世の幼子（機根の劣った者）に勧めて仏道の根源に至る縁にしたいと思う。学識がなく理解が遅い者でも、鈍根で智慧なき者でも、もし坐禅に専心すれば、必ず仏道を成就する」と述べ、末世で鈍根なる人もひたすら坐禅すれば悟れると栄西は言う。

それにたいし道元は、自著において末法を認めている箇所もあれば、否定している箇所もあり、その理解はまちまちだが、菊藤［1972］は相対的場面と絶対的場面で理解の仕方が異なると指摘し、「末法を単に客観的な時としてとらえるのでなく、絶対的立場に立つことによって、時機に執われることなく、専心仏道に精進すべきことを力説した」と述べる。一般的な認識（相対的立場）としては末法思想を受け入れつつも、自らの仏教（絶対的立場）としてはこれを否定するのが道元の立場だ。

道元仏教の生命線が修証一等なら、末法思想は受け入れられない。末法（教のみの存在を認め、行と証とがない時代）を認めると、修証一等の「修（修行）」も「証（悟り）」も否定されてしまうからだ。さらに、道元仏教の特徴は「正伝の仏法」にある。「ブッダ以来、インドと中国を経て日本に正しく伝わった仏法を、まさに自分自身が継承している」という自負が道元にあったから、行と証とを否定する末法を認めれば、その継承が断たれるので、この点でも末法は受け入れがたかった。よって道元の本来的立場は末法否定であり、親鸞仏教と好対照をなす。

法を機に近づける

では以上をふまえ、二人の機と法との関係を考えてみよう。この作業は二人の仏教の特徴を考える上で、きわめて有益である。

結論を先取りすれば、機と法との関係に関し、親鸞は「法を機に近づける立場」、道元は「機を法に近づける立場」をとる。

末法ゆえに行も証も存在しない時代、人間（機）の側から悟り（法）に近づいていくことは不可能である。とすれば、残されているのは、法を機に近づけることしかない。つまり、仏の側の救済力（他力）を人間の側に及ぼす仏教を創造することになる。これが親鸞の立場だ。

法然仏教の特徴は、宗歌「月かげ」に表されている。その内容は「月影の　いたらぬ里は　なけれども　ながむる人の　心にぞすむ」であるが、これは『観無量寿経』の一節「光明遍照　十方世界　念仏衆生　摂取不捨（光明は遍く十方の世界を照らし、念仏の衆生を摂取して捨てたまわず）」を法然が歌に読み替えたものだ。まず、月の光が十方世界をくまなく照らしていることが大前提となる。

つまり、阿弥陀仏の慈悲（月の光）が「念仏せよ」という〝呼びかけ〟としてまず存在し、その働きかけに応じて、衆生（凡夫）の側がその月の光に気づき、「南無阿弥陀仏」と念仏を称えるところに往生が成立する。この「仏凡の呼応関係」が浄土宗の往生論の核となるが、親鸞は「〝衆生〟が呼びかけに〝応じる〟」ところに「自力臭」を嗅ぎ取り、最悪最低の凡夫が念仏を称えられるのは自らの計らいではなく、「如来より賜りたる信心」によるとする。こうして機の側は一歩も動くことなく、法の側からの一方的な働きかけによって救済が成立する。親鸞仏教が「絶対他力」と称される所以だ。

とすれば、念仏の性格も変化する。法然において念仏は「往生するための手段」であったが、親鸞においては、如来より賜りたる信心により、ある意味、往生が確定しているので、念仏を称えるという行為の目的は「往生」ではなく「報恩感謝」になる。

また親鸞の念仏は「本願招喚の勅命」とも言われる。念仏とは「南無阿弥陀仏」と称えることだが、それは「阿弥陀仏に南無する」ことである。「南無」とは「帰依する」を意味するインド語「ナマス／ナモー」を音写したものなので、念仏は「阿弥陀仏に帰依する」を意味するが、ここにも親鸞は自力臭を嗅ぎ取る。これでは、「私が阿弥陀仏に帰依する」となり、帰依する「私」を自力とみなす。よって、親鸞は念仏を「阿弥陀仏（私）に南無（帰依）せよ」という命令として称えさせられていると解釈するので、「本願招喚の勅命」と呼ばれる。

機を法に近づける

一方の道元は末法を認めず、あくまで自力（終章で詳説）の修行で機を法に近づけていく仏教を創造した。創造と言っても、仏教は本来、そのような性質を持っていたのだから、「創造」ではなく「（原点）回帰」、否「正伝の仏法」を標榜しているので、「（原点）維持」と言う方が正しい。

親鸞仏教が不動の機に法をかぎりなく近づけているのにたいし、道元仏教は不動の法に向かって機がかぎりなく近づいていく。高崎［1969］は、「禅がしょせん、本質的に求道の宗教であり、布教の宗教ではなかったことは銘記すべきである」と指摘する。とすれば、親鸞仏教（あるいは浄土仏教）は「布教の宗教」、道元仏教は「求道の宗教」という対比も可能になる。さらにこれをふまえ、両者の仏教の特徴を明確にするとすれば、それは機と法との関係が直接か間接かという点でも比較できる。

法然の革命性の一つに、人と仏が直接対峙する仏教を確立したことがある。外来の宗教が日本に入ってきたとき、日本人は身近な土着の宗教である神道の神を通して（介して）仏や菩薩を理解した。本地垂迹説《ほんじすいじゃくせつ》だ。また仏教内部でも善知識と呼ばれる出家者が臨終にさいして往生を手助けする仲介的役割を果たしたが、法然はそれら余分なものをすべて退け、凡夫と阿弥陀仏とが直に向かい合う仏教を確立した。

親鸞もそれを承けているので、凡夫と阿弥陀仏とは直接対面することになるが、親鸞の他力は〝絶対〟であるから、その間にいかなる仲介者も認めるはずがない。阿弥陀仏の他力だけで充分なのである。

では、道元はどうか。

究極的には機（修行者）と法（悟り）との直接関係が問題になるが、禅の場合、とくに道元の場合は「正伝の仏法」が問題になるので、正しい師匠に師事し、師匠の教えにしたがって修行することがきわめて重要になる。たとえば『学道用心集《がくどうようじんしゅう》』の「参禅学道は正師を求むべき事」では、つぎのように説かれる。

修行の道は導師の正邪に依る。「機（弟子）」はよい材料と同じであり、師は勝れた芸術家に似ている。たとえよい材料であっても、よい芸術家と出会わなければ、傑作は現れてこない。たとえ曲がった木でも、勝れた芸術家に出会えば、素晴らしい持ち味がすぐに現れる。師の正邪にしたがって、その悟りに真偽がある。それをこの喩えで理解すべきである。

そしてこの後、正師をつぎのように定義する。

正師を得られないなら、学ばない方がましだ。元来、正師とは、年齢や修行年数に関係なく、ただ正しい法を明らかにし、正師から悟りの証明を得ている人を指す。〔経典等の〕言葉〔の研究〕が優先するのではなく、知的理解が優先するのでもなく、規格外の力量があり、常識を越えた意気込みがあって、自分勝手な見解に拘泥せず、感情に流されず、修行と知的理解が一致している人が、まさに正師である。

このように、道元仏教では、機が法に近づくにあたり、正師の果たす役割はきわめて重要なのである。

第二章　出家と在家

前章でみた機と法との関係性の違いに基づき、本章では「出家と在家」という視点から、両者の仏教の特徴を浮き彫りにする。当然のことながら、易行《いぎょう》（実践しやすい行）を説き、法を機に近づける親鸞仏教には在家性が、またブッダ以来の仏教の正統性を継承し、機を法に近づけるべく精進する道元仏教には出家性が確認されるであろう。

仏教における出家と在家

親鸞と道元の「在家／出家」の問題に立ち入る前に、まずは仏教本来の「出家／在家」の問題を整理する。

王子だったブッダは人生の無常を感じて城と在家の生活を捨てると、出家者となった。

出家者といっても、その時点で仏教という宗教はまだ誕生していなかったから、ここで仏教の出家者、つまり僧侶を思い浮かべてはいけない。古代インドで、出家し道を求める者は「沙門《しゃもん》」と呼ばれた。インド語「シュラマナ／サマナ」の音写語で、「努め励む者」を意味する。ブッダも沙門として出家者の人生を始めた。

六年間の修行のすえ、法（真理）に目覚めて悟りを開いたブッダは、法を説いて弟子を獲得し、教団を組織した。その組織も最初はブッダを含め六人で出発したが、徐々に教団は拡大していく。それにともない、教団の一員となる儀式（出家者となるための手続き）も整備された。出家者となるために重要な儀式は「受戒」である。悟りを目指して自己を律するために、全部で二五〇ほどの戒を守ることを誓う儀式だ。

その後は戒律を遵守し、また修行を重ねることで悟りを開き、解脱して阿羅漢《あらかん》（インド語「アルハット／アラハント」の音写語。「供養されるに相応しい人」が原意で、本来は「仏」と同義語だが、後には仏と区別され、弟子の最高位と位置づけられる）になることを目指す。

さて、出家者は生産活動に携わらなかったので、教団の存続および出家者の生活を維持するためには、在家信者の支援が必須であった。在家信者は教団（および出家者）に衣や食事を施し、また住む場所（精舎《しょうじゃ》）を提供するという物質的な布施をした。その見返りとして、出家者は在家信者に法（教え）を説くという法施をおこなった。こうして出家者と在家信者との間に互恵関係が成立する。

では、在家信者になるためには何が必要だったのか。それは三帰《さんき》と五戒だ。三帰とは、三宝（仏・法・僧）に帰依を表明すること、五戒とは不殺生《ふせっしょう》・不偸盗《ふちゅうとう》・不邪淫《ふじゃいん》・不妄語《ふもうご》・不飲酒《ふおんじゅ》という五戒を守ることを誓う。ただしこれは道徳的事項なので、破っても罰則はない。三帰を表明し、五戒の遵守を誓うことで、人は在家信者になる。

では、在家信者になることの利点は何か。それは、つぎの生で天（神）や人に生まれ変わることが保証される点である。仏教は輪廻からの解脱をめざすので、天や人に再生することは最終目標ではないが、人間に生まれ変わることで出家する機会が生まれ、解脱に向けて本格的に人生を再出発させられる。一方、三悪趣（地獄・餓鬼・畜生）に堕ちれば、解脱という目標は遠のく。やや遠回りになるが、在家信者になることは最終的には解脱と結びついている。

出家者が在家信者にたいして行う説法を「次第説法」といい、「布施・持戒・生天《しょうてん》」の三つを内容とする。出家者に布施し戒律を保つことで、死後、天に生まれ変わることを説くが、この三つが在家信者の行動規範および目標だ。このように出家者と在家信者は、その目標において大きな違いが存在する。出家者は解脱できるが、在家信者は解脱できない。この後、在家阿羅漢論（在家信者のままで阿羅漢になれるかどうか）について説明するが、この違いが仏教における出家者と在家信者とを分けることになる。

「非僧非俗」の意味するところ

今、確認した「出家／在家」の問題も、親鸞と道元の仏教の方向を決める分水嶺となる。親鸞からみていくが、その前に彼の師匠である法然から始めよう。

法然仏教の革新性の一つに「機根の一元化」がある。インド以来、衆生の能力は千差万別であるから、それぞれに合った教えが説かれたために、その法門（悟りに至る入口）は八万四〇〇〇になったと考えられていた。頂上は一つでも、そこに至る方法はたくさんあるという理解だ。つまり、教えや修行方法はたくさんあってもよく、日本でも平安時代までに八宗が存在したのは理由のあることなのである。

ところが、法然が現れ、千差万別なる機根を「凡夫」に一元化し、またその行も念仏に一元化したため、顕密の八宗は色めきたった。そんなことをされては、自分たちの存在意義がなくなるからだ。

法然は末法という危機的時代意識に鑑み、末世の人間はみな悟りとは縁のない罪悪生死の凡夫であり、人間がこの世で積んだ善業悪業の違いなど、仏の側からみれば無に等しいから、凡夫が救われる道は阿弥陀仏の本願で誓われた念仏のみと主張した。当時、これが大問題となり、法然は数々の法難を経験し、弟子の親鸞も巻き添えをくらった。

法然仏教は人間を凡夫に一元化するため、出家者も在家者も同じ凡夫となり、〝往生に関しては〟いかなる差も存在しない。往生だけを考えるなら、出家する必要はなくなる。

では、法然仏教において出家することの意義は何か。それは〝利他行〟しかない。利他行を自らの喜びとする者だけが出家すればよいし、利他行をしない者、あるいは利他行を自らの喜びとしない（できない）者は還俗すべきである。横道に逸れたようだが、これはつぎの親鸞の「非僧非俗」を考える上でも重要となる。

親鸞が非僧非俗の生活を送ったことは有名だ。これまでまとめた内容から「非僧」は理解できるが、ではなぜ「非俗」にこだわったのか。この点を考えてみたい。

この言葉は『教行信証』「化身土巻」の後序にみられるが、「非僧」とは、建永の法難によって、法然が讃岐に親鸞が越後に流罪に処せられたさい、僧籍を剝奪され、「僧尼令」に基づく国家公認の僧侶でなくなったことを意味する。では、「非俗」はどうか。これにはさまざまな解釈があるが、私はこれを親鸞の僧侶（出家者）としての〝矜持〟と理解する。この問題を考えるには、当時の出家者の様態を知る必要があるだろう。というのも、親鸞の「非俗」はこれと表裏の関係にあるからだ。

当時の出家者は外見的には、剃髪して袈裟を着用し、出家者としての威儀や体裁を整えてはいるが、内面的には仏教の教える因果の道理から外れ、占いや祓えに凝り、日の吉凶に左右され、本来の役割を果たしていなかった（阿満［2011］）。しかしこれは、精神論ではなく、社会構造的な問題にも起因している。日本の仏教は国家仏教として出発し、出家者の基本は「官僧」であった。

官僧とは国家公務員的な僧侶で、国家的な祈禱に携わるかわりに、国家からの給付を受けていたので、悩める人々の個人的な救済願望に応えたり、在家信者を組織して信者からのお布施を期待したりする必要はなかった。つまり、天皇から得度を許可され、国立戒壇で受戒して一人前となり、僧位・僧官をもらって国家的法会に参加する官僧に仏教本来の役目を果たせるわけがない。この官僧に対抗して登場したのが「遁世僧《とんせいそう》」であり、鎌倉新仏教の開祖たちはこれに属する。

このような当時の僧（とくに官僧）の堕落ぶりにたいし、親鸞には「自分こそ真の出家者なり」という矜持があり、それが「非俗」の立場を取らせたのではないか。「真の出家者」とは、具体的にはさきほどみた「末法における利他行の実践者」である。

一方、佐々木［1956］は親鸞の非僧非俗について、興味深い解釈をおこなっている。佐々木によれば、非僧非俗とは「無戒名字の比丘《びく》（戒律を保たない名前だけの出家者）」の自覚に立ち、僧俗や出家在家を超えた新たな仏教の立場を示し、寺院仏教を脱皮した歴史的意義を持っていると指摘する。仏教は「八不中道《はっぷちゅうどう》」に代表されるように、「不一不異／不生不滅」などと説く。それはたんに両極を否定するのではなく、その両極の否定は「第三の立場（中道／空《くう》）」を明示するための表現であるから、親鸞の非僧非俗は出家在家を超えた第三の新たな立場の表明とも理解できる。

これを「半僧半俗」と比較してみよう。弁証法で言えば、「半僧半俗」は正と反の中間を意味し、「どっちつかずの中途半端な状態」でしかないが、「非僧非俗」は正と反とを止揚した合、すなわち、いままでにはなかった〝新たな立場〟を意味する。親鸞は「非僧」で伝統仏教の出家者を批判し、「非俗」で真の仏弟子として生きる決意を表明したのではないか。

出家至上主義

道元における出家／在家の問題を整理する前に、まずは行の実践のしやすさについて考えておく。法然や親鸞の仏教の行の特徴は、その実践のしやすさにある。南無阿弥陀仏と声に出して称える念仏はまさに誰でも実践可能な易行であり、だからこそそこには出家主義ではない在家的性格が前面に出る。在家者でも念仏は実践可能だからだ。

では坐禅はどうか。まずは道元の弟子、懐奘が著した『正法眼蔵随聞記《ずいもんき》（以下、随聞記）』の記述に注目してみよう。ここでは只管打坐について、つぎのような二つの記述がみられる。

・禅僧のよくなる第一の用心は、ただひたすらに坐ることだ。理解の早い遅い、頭の良い悪いにかかわらず、坐禅すれば自然によくなる（二・二）。

・仏道を学ぶ肝心要は、坐禅が第一である。（中略）文字を一つも知らず、学才のない愚鈍な人でも、坐禅を専らにすると、長年、学問をした聡明な人にも勝って（人格が」完成する。よって、仏道を学ぶ人は、ひたすら坐禅して他のことに関わるな。仏祖の道はただ坐禅である。他のことにしたがうな（六・二四）。

ここでは、只管打坐が「鈍根／下根」の者にも実践可能な道として説かれている点が注目される。「ただ坐る」というのは簡単そうで実は難しい行と理解しがちだが、道元は「ただ坐るだけだから、誰でもできる（易行）」と考えていたのではないか。しかし、『正法眼蔵』をみると、これとは違った見解がみられる。

『正法眼蔵』は時系列にそって彼の教えがまとめられており、最初の方（若いとき）では在家性も確認されるが、後ろに行くほど、つまり年齢を重ねるほど、その在家的性格は後退し、代わって出家的性格が前面に出る。たとえば、道元四五歳のときに著された『正法眼蔵』「三十七品菩提分法《さんじゅうしちほんぼだいぶんぼう》」は、出家主義を鮮明に打ち出す。

そこでは、戒を持ち、智慧のある在家者よりも、破戒や無戒で、法もなく智慧もない出家者の方が勝れているとするが、道元はその理由を「僧としての生き方そのものが、すなわち智慧であり、悟りであり、道であり、法であるからだ。（中略）釈尊の時代でも在家者で仏道を体得した者はいない」と説く。また『正法眼蔵』「出家」では「出家の破戒は在家の持戒に勝る。在家の戒は解脱のためにならないからだ」と言うが、これは出家と在家の違いを端的に示している。また別の理由として、在家の生活にはさまざまな障害があることも挙げられる。さらに、道元はつぎのようにも説く。

僧（出家者）には、仏という僧、菩薩という僧、声聞《しょうもん》という僧などがある。出家していない者が仏法の正しい行道を嗣ぐことはないし、仏法の大道を正伝することはできない。在家の男性信者や女性信者が仏道を学んだとしても、まだ仏道に達したという先例はない。仏道に達したときには必ず出家している。出家に耐えられない輩がどうして仏の位を継げようか。

別の箇所でも道元は、「身心が仏法に感化されれば、もはや在家に留まることはできない。（中略）正伝の仏法はただ出家の功徳であることが知られる」と述べるが、ここでは、「仏道に達したときには必ず出家している」という記述に注目してみよう。

同様の記述はこの後にもみられ、「身心もし仏法あるときは、在家にとどまることあたわず」とも言うが、これはすでにインドで議論されていた。「在家阿羅漢論」とも呼ばれる。その要点は、在家者でも「阿羅漢」という悟りに到達できるが、阿羅漢になってしまえば、在家に留まることはできず、必ず出家しなければならないというところにある（藤田［1964］）。と言うのも、在家の生活にはさまざまな障壁があるからだ。

ではここで、藤田の「在家阿羅漢論」を簡単に紹介しておく。最初期の段階では、在家者も阿羅漢になると考えられていたが、その後、出家主義が教団で進行する中で両者を会通《えつう》し、つぎのように説かれるにいたった。「在家者で阿羅漢果に達した者には二つの道があり、他［の道］はない。即日に出家するか、般涅槃《はつねはん》（死）するかである。彼はその日を過ぎることができない」（『ミリンダ王の問い』）と。

これは仏伝の記述とも一致する。ブッダが成道して間もないころ、在家者のヤサがブッダと出会い、ブッダに教導されて阿羅漢となるが、その後、彼は直ちに出家する。そのとき、ブッダは「良家の息子ヤサは、還俗してかつて在家の状態にあったときのように諸欲を享受することはできない」と述べ、ヤサの父親の同意を得て出家が認められた。このように、阿羅漢になれば、在家の生活で諸欲を享受できないというのが初期仏教の基本的立場だったのであり、それを道元も踏襲しているとみることができる。

仲間（同朋）とともに

法然に始まった新たな浄土教では、出家者も在家者も阿弥陀仏の前ではいかなる差異も存在しないので、「救済」に関して両者は平等の立場に立つ。くわえて、親鸞は信心さえも「如来からの賜りもの」ととらえるから、親鸞の信心も弟子の信心も如来からの賜りものである点でまったく同じになるので、師弟の関係も本来的な意味では成立しなくなる。だから親鸞は「弟子一人も持たずそうろう」と『歎異抄』で述べる。この考え方を推し進めれば、「同朋／同行」という概念に行き着くのがわかるだろう。

親鸞についてみていく前に、まずは法然の態度を確認しておく。というのも、この傾向は師の法然に確認されるからである。

法然の弟子に阿波介《あわのすけ》という者がいた。彼は陰陽師で七人の妻を持つ極悪非道の人間だったが、法然と出会って出家した。あるとき、法然が「私の念仏と阿波介の念仏とどちらが優れているか」と弟子の聖光《しょうこう》（一一六二〜一二三八）に尋ねると、彼は「同じはずがありません（法然の念仏が優れています）」と答えた。すると法然は「おまえは日ごろ、何を学んでいるのか。助けたまえと申す念仏に優劣などあるはずがない」と答えたと言う。

同様の話は『歎異抄』にもみられる。親鸞が法然の弟子であったとき、「自分の信心と法然の信心は同じである」と言ったが、それを聞いた兄弟子たちが「師匠の信心と弟子の信心が同じであるはずがない（法然の信心が優れている）」と否定したので、法然自身に尋ねてみると、法然は「私の信心も如来より賜りたる信心、善信（親鸞）の信心も如来より賜りたる信心であり、同じ信心である」と答えた。

法然が「如来より賜りたる信心」という表現を使ったかどうかは別として、浄土教では仏と衆生（凡夫）との距離はみな同じであり、「師匠が弟子より仏に近い」ということもないので、師匠と弟子という人間関係は出家者と在家者にまで敷衍される。こうして、阿弥陀仏と衆生（凡夫）との関係は、出家／在家を問わないので、親鸞は出家者も在家者も阿弥陀仏の前ではすべて同じ「同朋／同行」という等価の存在とみなす。

この「同朋／同行」が親鸞の浄土教あるいは浄土真宗を特徴づける重要な概念であることは間違いなく、「同朋／同行」という用例自体に注目した論は数多く発表されているが、阿満［2011］はこれを独特な視点から論じている。阿満は親鸞の手紙に注目し、親鸞独自の言葉遣いがあると言う。それは動詞の後ろに「あう（古文：あふ）」という動詞を重ねる語法だ。たとえば「はからう＋あう＝はからいあわせたまう」や「祈る＋

あう＝祈りあわす」という表現であり、同様に「死にあいて／まどわかしあうて／御こころにかけあわせたまう」など枚挙に暇がない。

これは「お互いに〜しあう」という意味が強められるが、こうした言葉遣いから、手紙を書くさい、親鸞にはいつも信心をともにする仲間（同朋／同行）が意識され、親鸞の周りに信心をともにする仲間たちの輪が存在していたことがわかる。親鸞にとって信心の獲得は、自分一人の出来事で終わらず、それによって「信心海」（『教行信証』「信巻」）と形容されるような、広大な世界に生まれることを意味する。そして、「信心海」では信心を共有する仲間とともに仏道を歩むという、新しい出発が用意されていると阿満は指摘する。

親鸞が父母兄弟のために一遍の念仏も申したことがない理由として、『歎異抄』は「一切の有情はみなもて世々生々の父母兄弟なり。いずれもいずれもこの順次生に仏となりてたすけそうろうべきなり」と説く。その背景には、親鸞独自の思想、すなわち「如来より賜りたる信心」による衆生（凡夫）の平等性が強く作用していたことは間違いない。

出家者と在家者の高い壁

道元における出家者と在家者の関係は、親鸞の場合とはじつに対照的な位置づけにある。正伝の仏法を掲げ、ブッダに範を取る道元仏教において師資相承はきわめて重要であり、師匠は弟子に認可を与える存在であるから、同じ出家者でも師弟で立場は大きく異なることからすれば、出家者と在家者の関係は言うまでもない。

出家者と在家者の関係に関連し、道元の教化（布教）を語る上で対照的な用語が二つある。それは「弘法救生《ぐほうぐしょう》」と「一箇《いっこ》半箇《はんこ》の接得」だ。前者は「法を弘め、衆生を救う」という意味なので、一人でも多くの衆生を救済するという大乗仏教の精神に基づく。これは『弁道話』にみられ、中国から日本に戻ったときの道元の教化の決意を表明したものだ。

一方、後者の「一箇半箇の接得」は、一般に「たとえ一人でもよいから、勝れた弟子を育てること」を意味するので、両者は矛盾する。たとえば、高崎［1969］は「京都を離れ、永平寺に入山したことを境に、道元の布教に変化がみられ、普勧（普《あまね》く坐禅を勧める）的方向（弘法救生）から、専門家の養成（一箇半箇の接得）に変化したことはほぼ事実として認めざるを得ない（取意）」と述べ、さらに「この態度は「弘法救生」という点では後退であり、在家主義の放棄である（取意）」と結論づける。和辻［2011］も『随聞記』の「衆の少なきを憂うること勿れ」を引用し、帰依者の量よりも質が大事であるとするところに道元の布教の特徴をみようとする。

では、道元の教化の態度は時間の経過とともに変化したとみるべきか。この点について、最近、興味深い研究が西澤［2016］によって発表された。これは新たな知見がちりばめられた膨大な研究だが、紙面の都合上、その結論のみを簡単に紹介しよう。

西澤はその冒頭で当該の「一箇半箇」が表れる文脈を精査した結果、この言葉の意味は直接的には「わずかな」を意味するものの、その文言を用いた文章の意図は「一箇半箇までも漏らさず接得する」、つまり「すべての人を接得する」という意味になり、教化の対象は限定されることなく、万人に開かれていることを明らかにした。つまり、従来の解釈とは正反対の態度が浮かび上がってくる。

この所論に基づき、西澤は「結界」についても興味深い解釈を展開する。結界はさまざまな文脈で用いられるが、要は「聖と俗との境界」を言う。寺院への出入りに制限を設ける結界があれば、教化の対象は限定されるので、道元が結界を批判する『正法眼蔵』「礼拝得髄《らいはいとくずい》」の撰述意図は、法会《ほうえ》が出家在家や男女に限らず、すべての人に開かれるべきことを門下（出家・在家）に徹底させることにあったのではないかと推論する。

また出家者は戒を持ち、修行をすることで結界の象徴となるべきであり、仏の世界と衆生の世界を出家者が法会によって結ぶことが道元の考える結界であったと論じる。

さらに、出家者と在家者の関係を理解する上で道元の神祇信仰にたいする態度が重要だと西澤は言う。日本中世社会の思潮だった冥界と顕界の関係から、諸仏・諸神と衆生とを媒介する役割を出家者が担い、そのために出家者は真の福田《ふくでん》として施主のために尽力すべきというのが道元の態度なのである。在家者は世俗的利益を仏教に期待する一方、出家者は衆生済度や悟りを志す。

このような特徴から道元における出家者と在家者との関係を考えると、出家者と在家者とで目指すべき目標は異なり、また出家者は仏（悟りの世界）と衆生（迷いの世界）とをつなぐ中間的な存在として位置づけられ、在家者にはない持戒や修行など、福田としての徳が求められていたことがわかる。これはインド仏教以来の伝統的な出家者と在家者との関係を継承しており、親鸞の同朋主義と好対照をなす。

仏教における戒律の位置づけ

では「出家／在家」に関連して、戒律の問題を取り上げる。これについても親鸞と道元はきわめて対照的だが、まずは通仏教的な立場から戒律の位置を確認しよう。

これまで「戒律」という言葉を無批判に使ってきたが、本来「戒」と「律」とではその意味内容が異なる。戒は「シーラ」の訳語で、本来「習慣／習性」を意味し、戒を守ることで善い行為が習慣づき、悪い行為は自ずと遠ざけることができる。一方、律は「ヴィナヤ」の訳語で、本来は「除去」を意味し、「悪い行為を除去する指導」のことを言う。戒は道徳、律は法律と考えればわかりやすい。それに違反した場合、前者に罰則はないが、後者にはその程度に応じてさまざまな段階の罰則がある。ただし、本書では両者の区別がそれほど厳密ではないことを断っておく。

実践道において、戒律はどう位置づけられるのか。伝統仏教の体系化された教義によれば、実践道は「三学（戒・定・慧）」にまとめられる。戒律を遵守して身心を整え、禅定に入り精神を集中することで、最終的に真理に目覚め、智慧を獲得する、というのが三学の関係だ。つまり、三学のそれぞれは並列の関係にあるのではなく、戒と定とは慧という目的を達成するための手段という関係になる。

また大乗仏教の時代になると、実践道として六波羅蜜が登場する。その内容は、布施・持戒・忍辱（忍耐）・精進（努力）・禅定・智慧の六つだが、ここにも戒（持戒）・定（禅定）・慧（智慧）は含まれており、基本的な構図は伝統仏教と変わらず、持戒と禅定は智慧を得るための手段として位置づけられる。

では、大乗仏教徒はいかなる手続きを経て出家したのか。伝統仏教で戒は比丘から授けられるので、この受戒方法を「従他受戒」と言う。この師資相承を遡ればブッダに行き着くので、結局、戒は間接的にはブッダから授かることになる。

一方、大乗独自の戒である菩薩戒は、瞑想（三昧）や夢中で仏や菩薩から直接授かることになる。これは仏や菩薩に自ら出家の決意を誓うので、この受戒方法を「自誓受戒」と言う。この受戒では禅定による見仏が前提条件となり、ここに六波羅蜜中の禅定波羅蜜が重要となる。ただし、禅定（瞑想・三昧）での見仏は困難なので、時代が下ると自誓受戒の儀礼は仏像の前で行われ、受戒希望者は仏像に向かって自ら直接に諸仏・諸菩薩に語りかけて受戒を果たすことになった。

受戒の儀式が執行される場所を「戒壇」と言う。日本では奈良の東大寺と下野の薬師寺と筑紫の観世音寺が国立の戒壇だったが、最澄はこれを小乗戒壇であるとし、大乗戒壇の設立を目指した。しかし、実際にその勅許（天皇の許可）が下されたのは、最澄の死後一週間たってからだったが、これにより大乗仏教独自の戒壇が日本の比叡山に成立したのである。

小乗戒や大乗戒にせよ、従他受戒や自誓受戒にせよ、正式な出家者になるにはこれらの戒壇で「受戒」という作法を経験する必要があった。日本ではこの正式な受戒の儀式を経ずに出家した者を「私度僧」と言う。

無戒の親鸞

インド仏教以来、出家者を特徴づけるのは戒律だが、親鸞は自らを「無戒名字の比丘」と呼んだ。そこで、親鸞と戒律の問題を考えてみる。まずは「無戒」の意味から。

仏教の下降史観は「正法／像法／末法」の三時で示され、その内容は「教・行・証」という視点から各時代が位置づけられるが、最澄撰とされる『末法灯明記《まっぽうとうみょうき》』はこれを「戒」という視点から整理する。正法の時代、破戒の比丘は戒律を保っている者を汚すので、仏は破戒の出家者を戒め、清浄なる僧団に入ることを許さない。だが、像法の時代の前半では、持戒の出家者は徐々に減少し、破戒の出家者がその数を増す。そして後半には、持戒の出家者は激減し、代わって破戒の出家者が激増する。

ついに末法の時代を迎えると、持戒の出家者はまったく存在しなくなる。仏はこの時代の人々を救済すべく、名ばかりの僧（名字の僧）をも讃えて福田とした。つまり、正法は「持戒」、像法は「破戒」、そして末法は「無戒」となる。「破戒」は戒の存在が前提となるが、末法は戒自体が存在しないので、それを破る（破戒）ということ自体が存在しないため「無戒」と呼ばれる。

そして末法の時代には、名前だけの出家者であっても、これを世の宝にすると言う。なんとも情けない状況だが、親鸞は『教行信証』「化身土巻」でこの『末法灯明記』を引用し、「戒律」はまったく意味のないことであると悟り、無戒の出家者こそ世を救う宝であると考え、自らを「無戒名字の比丘」と名乗った（中山［2009］）。

また親鸞が「無戒名字の比丘」を名乗った理由として、当時の伝統仏教にたいする批判が込められていたと考えられる。王法（政治）と仏法（宗教）との関係はインド仏教以来、議論されてきたが、外来宗教の仏教が日本に伝わって以来、それは国家の管理下に置かれた。正式な出家者となることも新たな宗を立てるのも、国家や天皇の許可が必要だった。したがって、戒にたいしてどれほど厳密な意味づけと実践がなされたとしても、それはもはや王法（国家）の体制を補完するものとしてしか機能しなかった。

親鸞が「非僧非俗」の「愚禿（非僧）釈親鸞」（後述）を名乗ったのは、国家権力によって、法然が讃岐に親鸞が越後に配流となったことがきっかけだったが、そのような国家（およびその国家の言いなりになっている伝統仏教）の政治権力にたいし、親鸞は「無戒名字」をもって問題提起をしたのである（三木［2009］）。

だが「無戒」と開き直ったからといって、親鸞が倫理をまったく無視したわけではない。浄土真宗では「本願ぼこり（阿弥陀仏の本願をほこり、それに甘えて造悪無碍《ぞうあくむげ》〔悪を造っても往生の碍《さまた》げにはならぬという考え方〕を行うこと）」が厳しく戒められている。では、親鸞において倫理はどう考えられるのか。

親鸞は徹底的な自己否定のすえ、いかなる善もなしえない自分に阿弥陀仏への信が生じるのも、自力ではなく他力ととらえた。それを自覚した人は阿弥陀仏を鑑に自らの根源悪を知らしめられるが、それに気づけば、さらなる悪の深淵に陥る可能性は低くなる。つまり、如来の絶対的な光に照らされれば、転悪成善《てんあくじょうぜん》の益《やく》に活かされる身となるのである（中山［2009］）。

このように、阿弥陀仏からの逆照射（還相《げんそう》回向）によって世俗的（相対的）善を超えた宗教的（絶対的）善は担保されるので、「無戒名字」を名乗ったからといって、親鸞が倫理を無視したことにはならない。

持戒の道元

正伝の仏法を標榜する道元が、戒を無視するはずがない。それは仏教の開祖ブッダ以来の伝統であるからだ。では『正法眼蔵』「受戒」の内容を紹介しながら、道元の戒にたいする態度を確認していこう。まず、その冒頭で、宋の慈覚禅師の『禅苑清規《ぜんえんしんぎ》（禅寺の規範）』を引用した後、それを解説してつぎのように述べる。

インド・中国で仏祖が相伝してきたところでは、必ず仏法に入る最初に受戒がある。戒を受けなければ、諸仏の弟子ではないし、祖師の児孫ではない。「過を離れ悪を防ぐ」ことを「禅に参じて道を問う」こととするからだ。「戒律を先と為す」という言葉はすでにまさしく正法眼蔵なのである。「仏となり、祖となる」ことは、必ず正法眼蔵を伝持することによるので、正法眼蔵を正しく伝える祖師は必ず仏の戒を受持するのであり、仏の戒を受持しない仏祖は存在しない。如来にしたがって戒を受持し、あるいは仏弟子にしたがって戒を受持することは、すべて〔仏祖の〕命脈を継承していることになる。

ここに、道元の戒にたいする態度が明示されている。この後、道元は具体的な受戒の作法に言及するが、その内容は十六条戒と呼ばれる。それは、三帰・三聚浄戒《さんじゅじょうかい》・十重禁戒《じゅうじゅうきんかい》であり、これを合わせて十六条戒と言う。

三帰とは、仏教の三宝「仏（真理に目覚めた仏）・法（仏が目覚めた真理／仏が説いた教え）・僧（仏と法にしたがって修行する出家者の集団）」に帰依を表明することで、インド仏教以来、仏教徒になるための入門儀式の最初がこれだ。初期経典以来、随所で説かれており、枚挙に暇がない。

つぎの三聚浄戒とは、「摂律儀戒《しょうりつぎかい》（止悪：悪を離れること）」、「摂善法戒《しょうぜんぼうかい》（行善：善を実践すること）」、そして「摂衆生戒《せっしゅじょうかい》（利他：衆生を利益すること）」の三つを指す。これは菩薩戒の一つの帰結と考えられ、中国や日本の大乗戒思想の展開に大きな影響を与えた（沖本［1981］）。とくに中世以降、日本仏教で重要な大乗仏教の戒は円頓戒《えんどんかい》（天台宗や浄土宗に伝わる最高の大乗戒で、その具体的内容は三聚浄戒）であり、この戒がさまざまな利他行を実践する根拠となる。出典は世親（ヴァスバンドゥ）が著した『十地経論《じゅうじきょうろん》』

（『十地経』の注釈書）あたりと考えられている。

そして最後の十重禁戒は中国撰述の偽経『梵網経《ぼんもうきょう》』に説かれているが、その具体的な内容はつぎのとおり（齊藤［2017］）。

①殺戒《せっかい》：衆生を故意に殺さず、また人にも殺させず、むしろ慈悲心と孝順心をもって適切な手当てを用いて救済し擁護する
②盗戒《とうかい》：一切の財産を故意に盗まず、また人にも盗ませず、むしろ仏性の孝順心と慈悲心をもって、一切衆生を扶助して幸福と安楽を施す
③淫戒《いんかい》：異性にたいして故意に淫をせず、また人にも淫をさせず、むしろ孝順心と慈悲心をもって、一切衆生を救い、罪なき清らかな行為、自行化他をもって接する
④妄語戒《もうごかい》：虚偽の言葉を語らず、また人にも虚偽の言葉を語らせず、むしろ正しくものごとを見つめ、正しい言葉を用い、さらに一切衆生にも正しく見、正しく語るようにさせる
⑤酤酒戒《こしゅかい》：顚倒・昏迷・作罪の原因となる酒類を販売することなく、また人にも販売させず、むしろ一切衆生に道理に明るく分別ある智慧を生じさせる

⑥説四衆過戒《せつししゅかかい》：四衆（出家菩薩・在家菩薩・比丘・比丘尼）の過失を吹聴せず、また人にも吹聴させず、むしろそのような人を見かけたならば、慈悲心をもって教え導き、大乗仏教の善信を生じさせる

⑦自讃毀他戒《じさんきたかい》：自らの功績を称賛し、他者の過悪を誹《そし》らず、また人にもそうさせず、むしろ自分が誹りを甘んじて受け、称賛は他者にたいして施す

⑧慳惜加毀戒《けんじゃくかきかい》：物品を求める貧者や仏法を求める信者にたいし、悪しき心や怒りによって施しを惜しんだり罵ったりすることなく、また人にもそうさせず、むしろ求めてくる者には惜しみなく与える

⑨瞋心不受悔戒《しんじんふじゅげかい》：粗暴な言葉で人を罵り、手や武器によって危害を加えることなく、また他人の謝罪にたいしては、怒りの心をもってこれを拒絶することなく、人にもそうさせず、むしろ怒りや争いのない善根と慈悲心をもって接する

⑩謗三宝戒《ほうさんぼうかい》：三宝（仏・法・僧）を誹謗せず、人にも誹謗させず、むしろそのように誹謗する外道・悪人・邪見の人を見たならば、信心と孝順心を生じさせる

菩薩としての親鸞と道元

親鸞仏教には在家性、道元仏教には出家性が確認された。これにともない、出家者の位置づけも両者で大きく異なる。親鸞仏教では救いに関して出家者と在家者にいかなる差もなく、その究極として親鸞の「同朋／同行」を理解した。一方、道元仏教では、出家者は仏と衆生とをつなぐ中間的な位置づけにあり、悟りに関して出家者と在家者の間には、大きな溝が確認された。

このように、本章の主題である出家と在家という観点から比較すれば、両者の仏教は好対照をなすが、いずれも大乗仏教の流れをくむことに違いはない。そこで最後に、大乗仏教の中心思想「菩薩」という視点から親鸞と道元の生き方をとらえなおしてみたい。その前提として、まずは「菩薩」の説明からはじめよう。

「菩薩」は「菩提薩埵《ぼだいさった》」の略で、インド語「ボーディサットヴァ／ボーディサッタ」の音写である。「悟り（ボーディ）を求める衆生（サットヴァ）」の意味で、本来は悟りを開く前のブッダの呼称であった。つまり最初期、「菩薩」は固有名詞だったが、大乗仏教の時代を迎えると、ブッダを模範に悟りを目指す大乗仏教徒は自分たちを「菩薩」と呼び、従来の出家者「声聞」と区別した。

菩薩は「出家／在家」という生活様式に関係なく、菩提心（悟りの心）を発し、自利即利他（他者を幸せにすることが自己の幸せである）を実践する者は誰でも菩薩と呼ばれたので、大乗仏教での「菩薩」は普通名詞となった。

ではこれをふまえ、親鸞の生き方をみてみよう。建永の法難で還俗させられた親鸞は、「非僧非俗」あるいは「愚禿釈親鸞」と自らを形容するようになる。氣多［1992］によれば、「非僧非俗」は外（政治権力）から強制されたあり方であると同時に、自ら選びとった立場を示すという。というのも、それは親鸞が深く追慕する賀古《かこ》の教信沙弥《きょうしんしゃみ》（妻帯して在家の生活を営みながら、念仏の教えを人びとに説いた奈良末期から平安初期にかけての僧）に倣ったものであるからだ。

一見すると、「非僧非俗」は出家者でも在家者でもない、身元不明の状態を意味するが、「非A非B」という表現は仏教では両者を否定した第三の立場を表す積極的な表現でもあった。「禿」とは「僧侶の貶称《へんしょう》」で「非僧」に対応し、それに「愚」を付加してさらにその度合いを強調する。一方、「釈」は「釈子（ブッダ〔釈迦〕の弟子）」を意味し、「非俗」に対応するが、非僧非俗も愚禿釈も、従来の型にはまらない親鸞独自の大乗菩薩としての生き方が表現されている。

つまり「非僧／愚禿」は、俗世の庶民とともにあり、同朋として彼らと信心を共有しようとする決意、また「非俗／釈」は、在家生活を営みつつも世俗を超越した阿弥陀仏の本願をいただいて生きる自らの宗教的な立場を表明している。インド仏教で出家は遊行と連動し、遊行には修行とならんで「伝道（教化）」の機能があることを氣多は指摘するが、親鸞の「非俗／釈」の表明は、まさにこの点を突いている。

大乗仏教では蓮の花が重視される。泥中より生じながら、その泥に汚されずに清らかな花を咲かすからだ。菩薩の理想は在俗の世間にありながら、それに汚されず法を説く点にある。それを親鸞は「非僧非俗／愚禿釈」の自覚のもとに実践したのではないか。

つぎに、道元の生き方をみてみよう。

まず指摘できるのは、持戒（とくに三聚浄戒）の実践による利他行だ。三聚浄戒の三つ目は「摂衆生戒（饒益有情戒《にょうやくうじょうかい》）」であり、利他行を実践することを誓う大乗戒ゆえに、それは自ずと菩薩の行として位置づけられる。

また西澤の研究で確認したように、道元の教化は「一箇半箇の接得」であった。これは従来のように「たとえ一人でもよいから、勝れた弟子を育てること」ではなく、「一箇半箇までも漏らさず接得する（すべての人を一人残らず教化する）こと」を意味したから、これもきわめて大乗的である。また結界についても、出家者は仏の世界と衆生の世界を結びつけ、また冥界と顕界とをつなぐ役割を担っていたから、道元もそのような生き方を実践したはずだ。つまり、道元の説く出家者像は在家の所願に応える福田でなければならず、勧請や布施には法施で臨む存在として位置づけられよう。

道元と言えば、只管打坐であり、厳しく自己を律してひたすら坐禅に打ち込む姿が想起されるが、西澤が明らかにしたように、その自己にたいする厳しさは利他のためでもあった。菩薩の誓願に四弘誓願《しぐぜいがん》がある。

①衆生無辺《しゅじょうむへん》誓願度：衆生は無辺なれど誓って度（渡）せんことを願う
②煩悩無《ぼんのうむ》数《しゅ》誓願断：煩悩（心の汚れ）は無数なれど誓って断ぜんことを願う
③法門無《ほうもんむ》尽《じん》誓願知：法門（真理に至る入り口）は無尽なれど誓って知らんことを願う
④仏道無上《ぶつどうむじょう》誓願証：仏道（人格の完成）は無上なれど誓って証せんことを願う

このうち①は利他、②～④は自利であるが、利他のためには自利が不可欠だ。この自利の厳しさと利他の優しさが相即するところに大乗菩薩道の真骨頂があるが、この四弘誓願は道元の生き方を如実に表している。

こうしてまとめると、親鸞と道元の目指した仏教の方向は真逆を向いているようにみえるが、その生き方は「菩薩」という点でみごとに重なる。

第三章　師匠と弟子

前章を継承し、本章では師弟関係を軸に親鸞と道元を比較する。親鸞も道元も、心から尊敬できる面授の師匠がおり、またそれぞれ唯円と懐奘という弟子がいて、師匠の教えをわかりやすく説いた『歎異抄』と『随聞記』という書を著した。これにより、親鸞と道元の思想や人格は我々にとって、より身近なものとなった。

仏教における師資相承（血脈・法脈）

まずは、仏教における師弟の関係を整理する。ブッダは仏教の開祖なので、師匠は存在しない。王子ブッダが二九歳で出家し、ラージャグリハでアーラーダ仙とウドラカ仙に師事して禅定を修得したが、それは真の意味での師匠ではなく、ブッダは最終的に彼らのもとを去り、五人の仲間と六年の苦行を実践した後、単独で悟りを開いた（無師独悟）。よって、ブッダに師匠はいないが、ブッダは自分の悟った法を説き、それを聞いて苦行時代の五人の仲間が悟りを開いたので、彼らがブッダの最初の弟子となる。

その後、弟子だった出家者は次世代の弟子たちの師匠となり、こうして法は継承されていく。これを師資相承といい、その系譜を法脈／血脈と言う。この流れにあることが正統性を担保し、その流れにないと傍流（異端）に堕する。

法然には比叡山の源光《げんこう》や叡空《えいくう》など、師匠とされる人物は存在したが、残念ながらそれは法然の魂を揺さぶるような面授の師匠ではなかった。法然も独力で研鑽し、ついに善導の『観経疏』の一節により回心して浄土宗を開宗したが、それは勅許を得ておらず、また面授の師匠もいなかったので、伝統仏教からの批判に晒された。

法然は善導の書によって回心したので、善導を自らの師匠と位置づけたが、善導は中国の唐代に活躍した僧侶なので、時代も地域も法然と接点がない。そんな二人が、いかにして出逢うことができるのか。それを可能にしたのが「夢」だ。夢中で法然は善導と出逢ったとすることで、浄土宗という宗派の正統性を担保しようとした。それほどまでに、師資相承あるいは法脈は重要なのである。同じ鎌倉仏教では、日蓮も単独で回心した点で法然と同じである。

一方、親鸞は法然を、道元は如浄を面授の師匠とした。ただし、禅宗においては師資相承による教えの相伝が重視されるため、師弟関係はきわめて重要になるが、浄土教では救済に関して出家者も在家者も同等に見なす立場に立つので、師弟関係、あるいは師資相承は禅宗ほど重い意味を持たない。

親鸞にとっての法然はたった一人の特別な存在だったが、法然にとっての親鸞は数ある弟子の一人であり、親鸞だけが法然の特別な弟子ではなかった。一方、如浄と道元とは一子相伝的な関係になり、道元にとって如浄が特別な存在（師匠）であったことはもちろん、如浄にとっても道元は自分の教えを一滴残らず移し替える特別な器としての存在（弟子）だった。このように、同じ師弟関係でも浄土仏教と禅仏教では大きな違いがみられる。では親鸞と法然、道元と如浄の関係をそれぞれみていこう。

法然と親鸞

親鸞も比叡山に登り二〇年間修行したが、比叡山での修行に挫折し、悶々とした日々を過ごしていた。そこで親鸞は比叡山を下りると、一〇〇日間、六角堂に参籠した。六角堂は救世《ぐぜ》観音菩薩が祀られており、その化身である聖徳太子が建立したと言われているが、参籠して九五日目の夜、観音菩薩が聖徳太子の姿で現れて親鸞に告げたのが、人口に膾炙した「行者宿報の偈《ぎょうじゃしゅくほうげ》（女犯偈《にょぼんげ》）」である。

行者、宿報にて設《たと》い女犯すとも、我れ玉女の身と成りて、犯《ぼん》せられん。一生の間、能く荘厳して、臨終に引導して、極楽に生せじむ。

親鸞の妻（恵信尼《えしんに》）が娘（覚信尼《かくしんに》）に送った手紙をまとめた『恵信尼消息』によれば、九五日目の暁、聖徳太子の示された偈に基づいて、直ちに親鸞は後世（来世）の救済についで尋ねるべく、法然のもとに向かったとされるが、これだけでは、なぜ親鸞が法然を訪ねる必然性があったのかが不明だ。「行者宿報の偈」は親鸞自身の性欲を問題にしていると考えられているという解釈もあるが、最近では自分自身も含め一切衆生の罪業性が問題視されているとされている。つまり、「一般人はもちろん、行者さえ宿報（過去の悪業の報い）によって女犯し、戒を破らざるをえないとしても、必ずや後世の助かる縁に出会えるに違いない」という確信にも近い期待を胸に吉水の法然のもとに向かったのではないかと鑢《ながたに》〔2011〕は考える。

こうして法然との出会いを果たした親鸞は三三歳のとき、法然の『選択集』の書写と、法然の肖像画を描くことが許された。法然が親鸞を高く評価したことが文献に残されているわけではないが、『選択集』の書写が許されたのは、数ある弟子たちの中でたった六人だけであることを考えると、親鸞にたいする法然の評価は高かったと考えられる。

一方、親鸞が法然を尊崇していたことは、文献に文章として残されている。有名なのは『歎異抄』第二条の文章であろう。


念仏は本当に浄土に生まれる因なのか、あるいは地獄に堕ちる業なのかは、まったくわからない。もしも法然聖人に騙されて、念仏して地獄に堕ちたとしても、私は少しも後悔しない。なぜなら、念仏以外の行に励んで仏になることのできる身でありながら、念仏を称えて地獄に堕ちたということなら、騙されたという後悔も起こるだろうが、どのような行も満足に修めることのできない身であるから、地獄は必然の住処である。

弥陀の本願が真実ならば、釈尊の説教は虚言であるはずがない。仏説が真実なら、善導の解釈は虚言であるはずがない。善導の解釈が真実ならば、法然のお言葉に嘘はない。法然のお言葉が真実なら、親鸞が申すことも無意味ではあるまい。

また『浄土高僧和讃』で、親鸞は浄土教に関係の深いインド（龍樹《りゅうじゅ》・世親）・中国（曇鸞《どんらん》・道綽《どうしゃく》・善導）・日本（源信・法然）における七人の高僧を讃えており、当然のことながら法然も含まれている。全部で二〇の和讃があるが、その一つを紹介する。

曠劫多生《こうごうたしょう》のあいだにも　出離の強縁《ごうえん》しらざりき　本師源空（法然）いまさずは　このたびむなしくすぎなまし

法然がいなかったら、罪悪生死の凡夫である自分がこの迷いの世界を出離する強力な縁（阿弥陀仏の本願）と出逢うことはなく、永遠に苦海に沈淪していたであろうと親鸞は悲痛な思いを述懐する。親鸞にとっての法然は「地獄に仏」のような存在だったのではないか。人生の根本問題に呻吟し、人生に絶望していた親鸞にとって、法然は生きる希望を与えてくれた人生の大恩人だったと考えられる。

如浄と道元

「啐啄同時《そったく》」という言葉がある。『碧巌録《へきがんろく》』（中国の仏教書で、禅宗の語録）に出てくる言葉であり、「啐」とは卵の中の雛が卵の殻を内から嘴《くちばし》でつつくこと、「啄」とは親鶏が卵の殻を外から嘴でつつくことを意味し、絶妙の間合いで両者が同時に殻をつつかなければ、雛は孵らないことを言う。禅宗における師弟の意気投合した働きの重要性を説いている。如浄と道元の出逢いもまさに啐啄同時という表現がピッタリだ。弟子は心酔できる師匠を、また師匠は有能な弟子を渇望するが、絶妙の間合いで二人は逢うべくして逢った。その出逢いの様子を『正法眼蔵』「面授」から紹介しよう。

大宋宝慶《ほうきょう》元（一二二五）年乙酉五月一日、道元（私）は初めて先師天童古仏（如浄）を妙高台（天童山の方丈）で焼香礼拝した。先師古仏は初めて道元を見られた。そのとき、道元に指授し面授して言われた。「仏々祖々面授の法門が実現した。これはすなわち、霊山の拈花《ねんげ》（釈尊から摩訶迦葉《まかかしょう》への面授）、嵩山《すうざん》の得髄（菩提達磨から二祖慧可《えか》への面授）、黄梅の伝衣（五祖〔弘忍《こうにん》〕から六祖〔慧能《えのう》〕への面授）、そして〔雲《うん》巌《がん》から〕洞山《とうざん》の面授である。これは仏祖の〔正法〕眼蔵だ。わが〔達磨門下の〕家の内にだけあって、余人は夢にも見聞せざるところである。

如浄は自分と道元との出逢いを、ブッダと迦葉など、歴史上の有名な師資相承に喩え、道元を高く評価する。劇的な出逢いを果たした道元は、如浄に多くの弟子がいたにもかかわらず、自ら親しく拝問（古徳先哲にたいして言葉や文章をもって丁重に質問すること）することを如浄に願い出ると、如浄もそれを快諾。その様子を『宝慶記』（道元が如浄から聞いたことを書き記した書）の冒頭部分から紹介しよう。道元は自らの来歴を簡単に説明した後、つぎのように述べる。

「和尚（如浄）よ、大慈大悲を垂れたまえ。遠方の外国から参りました私のお願いは、時刻の如何にかかわらず、威儀の無礼もお許しいただき、たびたび方丈にうかがい、愚問をお聞きいただきたいということです。時の流れは迅速で、生死の問題はきわめて重大です。時は人を待ってくれません。禅師の下で明らかにしなければ、必ず後悔します。偉大なる天童山の大和尚大禅師、どうか大慈大悲をもって憐愍し、道元

（私）が仏道を問い、仏法についてお尋ねすることをお許しくださいませ。伏してお願い申し上げます。小師道元、百拝し叩頭して申し上げます」

見方によってはかなり無礼な申し出ではあるが、お互いに認め合っている仲だからこその申し出であったのだろう。諸行無常の切羽詰まった道元の、仏道にたいする真摯な姿勢が読み取れる。そしてそれに呼応するかのように、如浄はつぎのように返答する。

「道元よ、君は今後、昼夜の時刻を問わず、お袈裟を着けていようがいまいが、〔私の〕方丈に来て仏道について質問するがよい。老僧（私）は父が子の無礼を許すのと同じように〔君を迎えよう〕」

まさに如浄は父として子の道元を受け入れている。破格の扱いと言えよう。道元は如浄が持てるものを一滴もこぼすことなくすべて容れ、法統を継承する器であると見なしたからこその返答であろう。もうこのやりとりだけで、如浄と道元の関係は尽くされている。また、道元は如浄が作った「風鈴の頌《じゅ》」を自分なりに解釈し、如浄にそれを伝えると、如浄は微笑んでこう言った。

「君の言うところは深く、抜群の見識がある。私は清涼寺にいたときにこの風鈴の頌を作ったが、諸方の長老たちは讃嘆こそすれ、今までに一度もこのような説明をした者はいない。私は天童山の老僧として、君に〔仏法を見極める〕眼があることを認める。君も頌を作ろうとするときは、ものの本質を見極めて作りなさい」

如浄にしてみれば、「よくぞそこに気づいた！　さすがに私が見込んだ弟子だけのことはある」という心持ちだったのではないか。

親鸞と唯円

法然の弟子であった親鸞が師匠となり、弟子とどのような関係を持ったのかについてみていこう。今、「師匠／弟子」という表現を使ったが、親鸞にとって師匠も弟子も「同朋」であるから、本来的には正しくないが、ここでは一般的な意味で「師匠／弟子」という表現を使うことにする。

親鸞が唯円の疑問に巧みに答えている用例を、『歎異抄』から二つ紹介しよう。一つ目は第九条から。唯円が親鸞に「念仏を申していても、躍り上がるような喜びがありません。また、急いで浄土に参りたいという心もおこりません。これはいったいどうしたことでしょうか」と質問すると、親鸞は「実は私も同じような疑問を懐いていた。唯円よ、あなたも同じ心持ちだったのか」と前置きし、こう答えた。

よくよく考えてみると、天に踊り地に躍るほどに喜ぶべきことを喜べないのは、〔逆に言うと〕ついに往生が確定したと思うのだ。喜ぼうとする心を抑えて喜ばせないようにしむけたのは、煩悩の仕業である。しかし、阿弥陀仏は〔それを〕はじめから知っておられて、煩悩を具足する凡夫〔こそを救済する〕と仰ったのだから、他力の悲願はこのように、我々のためにあるとわかって、ますます頼もしく思われる。〔中略〕もしも念仏して、躍り上がるような喜びの心があり、早く浄土に参りたいと思うようなら、〔私には〕煩悩がないのかと、逆に疑わしく思うだろう。

まさに逆説の論理で、「浄土往生にたいする喜びがないのは煩悩のなせる業であり、そうであるからこそ、往生は確定している。なぜなら、そういう煩悩にまみれた衆生を救済するところに阿弥陀仏の存在意義があるからだ」というのが親鸞の答えだ。このような説示はじつに効果的である。自分の信仰が間違っていたのではないか、またこんなことを言えば親鸞に叱られるのではないかという不安に駆られた唯円にとって、親鸞の言葉は「そのままでいいのだよ」と、自分を肯定してくれたからだ。こうして唯円は、ますます浄土への信仰を深めていったに違いない。

二つ目は「本願ぼこり（阿弥陀仏の誓願を盾にして悪事を犯すのを憚らないこと）」を主題とする第十三条から。ここでは問答形式で話が進行する。

親鸞：「お前は私の言うことを信じるか」
唯円：「信じます」
親鸞：「では私の言うとおりにして、決して反対しないな」
（唯円はそれを了承）
親鸞：「人を千人殺してきなさい。そうすれば、必ず往生できるであろう」
唯円：「聖人の仰せではありますが、私には千人はおろか、一人も殺せません」

親鸞：「では、さきほどどうしてこの親鸞の言うことに反対しないと言ったのか」

親鸞はずいぶん意地悪なことを言っているようにみえるが、これはつぎの説示の前振りとなっている。これをふまえて、親鸞は言う。

これでわかるだろう。どのようなことでも、自分の思いどおりにできるのであれば、往生のために千人を殺せと言ったときに、すぐに殺すことができるはずだ。しかし、一人でも殺すことができないのは、そうさせる業縁がないから殺さないのだ。自分の心が善いから殺さないのではない。また人を殺すつもりがなくても、〔業縁がもよおせば〕百人も千人も殺すことがあるだろう。

我々のなす善業・悪業は、我々の意思の力を超え、過去世の業に縛られて行ってしまうという、まさに「人間の性」を親鸞は問題にする。ただし、ここでの主題は「本願ぼこり」なので、親鸞は「解毒剤があるからといって、好んで毒を飲むようなことをしてはならない」とも忠告する。ともかく、親鸞は弟子の唯円にたいして優しい眼差しを注ぎ、巧みな方便を駆使して自分の理解した浄土教を説示する。法然から承けたご恩を報恩という形で弟子たちに還元していると言えよう。

道元と懐奘

師匠としての道元は、弟子にどう接したのか。ここでは、永平寺の第二世となり、また『随聞記』を著した懐奘との関わりを紹介する。

懐奘は、比叡山で生まれた禅宗とされる達磨宗大日房能忍《だいにちぼうのうにん》の弟子である覚晏《かくあん》の弟子となった。最初、懐奘は道元に論戦を挑んで論破しようと考えたが、問答を交わすうちに道元の見識に心服し、自分が二歳年長であるにもかかわらず、弟子の礼をとった。一旦は道元のもとを離れるも、後に懐奘は道元門下に正式に参入し、興聖寺僧団の中心的存在になるとともに、道元が示寂するまで徹底して随侍しながら、『永平広録』や『正法眼蔵』の編集浄書に携わり、ひたすら道元の仏法宣揚に尽力した（中尾［2003］）。

永平寺に移ってからは、道元はすべて初めての仏事を懐奘に行わせたが、その理由を懐奘が尋ねると、道元は「あなたは私より年長者だが、私より長生きし、私の仏法を末永く弘めてもらいたいからだ」と答え、平常の待遇も懐奘を師匠のように大切にした

（水野［1992］）。その懐奘が著したのが『随聞記』だ、その奥書をみてみよう。

この書は亡くなった師匠である永平寺二世の懐奘和尚が修行時代に、仏道修行の至要を〔道元禅師から〕聞くに随って記録したものである。だから「随聞」と言う。これは雲門室中の玄記や、道元禅師の『宝慶記』のような書である。（後略）

懐奘の『随聞記』と道元の『宝慶記』とは、並行関係にある。道元が如浄の言葉を一言一句漏らさず聞き取ろうとしたように、懐奘は道元の言葉を細大漏らさず書き留めた。師にたいする弟子の態度という点で、道元と懐奘は軌を一にする。

ではこれをふまえ、船岡［2014］によりながら、道元と懐奘の関わりをみていこう。まず懐奘は一二三五年、道元から仏祖正伝である菩薩戒を授かった。そしてその翌年、懐奘ははじめて興聖寺の首座《しゅそ》（修行僧の長）に任ぜられ、住持（寺の住職）の代わりに説法する秉払《ひんほつ》（法座に上って説法すること）の役を与えられた。そのとき道元はつぎのように言って、懐奘を励ます。

新首座は参学者の少ないことを気にしてはいけない。経験の浅いことも心配してはならない。汾陽《ふんよう》の門下はわずかに六、七人、薬山の門下は一〇人に満たなかった。しかし、いずれも仏祖の道を行じて、これこそ叢林盛んな時であると言ったものである。（中略）新首座は力量がないと卑下することなく、洞山守初禅師の麻三斤《まさんぎん》の話を取り上げて、同学の人々に説き示すように（五・四）。

弟子思いの優しい言葉。これは懐奘が三九歳のときとされるが、これ以前に懐奘は道元のもとで大悟し、道元は懐奘を真の法嗣（師の教えを継承する人）にした。

また、懐奘は自らの疑問を道元にぶつけている様子が『随聞記』にみられるが、これも『宝慶記』でみた道元の態度と共通する。その中には懐奘自身が真に疑問に感じたことを道元にぶつける場合もあるが、学頭として弟子の教育のためにわざと道元の言葉を引き出すためになされた質問もあったようだ。『随聞記』六・一一をみてみよう。

ある日、懐奘がお尋ねした。「修行の道場で、ひたすら仏道を学ぶ行いとは、どのようなことでしょうか」

禅師は教示された。「ひたすら坐禅することだ（只管打坐）。階上であろうと楼下であろうと、常に坐禅をするのである。人と交わってお喋りをせず、耳が聞こえない人のように、口がきけない人のようになって、常に一人で坐禅するのを心がけるのだ」

只管打坐は道元仏教の要であり、それを懐奘が知らなかったはずはないので、これは言わずもがなの質問、すなわち弟子への教育的配慮に基づく質問だと言う。これ以外にも、たびたび坐禅をめぐる問答がなされたことは、道元禅の核心である只管打坐がなかなか弟子たちに理解されなかったのではないかと船岡は指摘する。法然を嚆矢とする鎌倉新仏教の「専修」は、簡素でわかりやすい反面、それに徹するのは意外に難しい。

「自力の念仏に陥ってはならない」――『歎異抄』より

ここからは、弟子の著作を通して、師である親鸞と道元の思想の特徴を紹介しよう。まずは唯円の『歎異抄』から。

『歎異抄』は大きく前編（第一条～第十条）と後編（第十一条～第十八条）の二部に分かれる。前編は親鸞の法語、後編は唯円の歎異（親鸞仏教にたいする異義を歎く）が収録されている。親鸞の没後、指導者を失った念仏者の間で異義が生じたため、それを解決すべく、唯円は自ら見聞した親鸞の言動を書き記した。ここではとくに後編に焦点を当て、親鸞の滅後、どのような異義が門徒の間に生じ、またそれに唯円はどう反論したのかについて、千葉［2001］によりながら主なものを簡単に紹介する。

第十二条

異義：学解往生《がくげおうじょう》——浄土真宗の聖教をよく学ばなければ、浄土に往生できない

反論：学を積み智慧を磨いて悟りを目指すのは聖道門の道であり、浄土門は愚かな凡夫が愚かなまま、弥陀の本願を信じて念仏すれば往生できることを目指す

第十三条

異義：怖畏罪悪《ふいざいあく》——弥陀の本願を盾に罪悪を犯すことを畏れない「本願ぼこり」の人は往生できない

反論：我々の善悪業はみな過去の業縁によるのであるから、思いのままにならぬ身を弥陀の本願に委ねる以外にない。本願ぼこりはよくないというのは、かえって幼稚な

考え方である（すでにみた「千人殺せ」の話はここに出る）

第十四条

異義：念仏罪滅——一声の念仏には過去の一切の罪業を消滅させる功徳があると信じなければならない

反論：これは念仏を功利的に理解する自力の念仏である。本願を信じたときに浄土往生が確定するのであるから、それ以降の念仏は報恩感謝の念仏となる。これが他力の念仏であり、自力の念仏に陥ってはならない

第十六条

異義：自然回心——念仏者は立腹したり悪事を犯したりしたとき、必ず回心し、悔い改めなければならない

反論：自力の心を捨てて本願他力に帰す（回心）ことは一回かぎりのことであり、悪事を働くたびに回心しなければ往生できないというのは自力聖道門の人である

第十七条
異義：辺地堕獄《へんじだごく》――浄土の辺地に生まれた者は、最後には地獄に堕ちる
反論：弥陀の誓願の不思議を疑う自力の念仏者は浄土の辺地に生まれるが、そこで誓願の不思議に気づかされ、ついには真の浄土に往生するのであるから、地獄に堕ちるなど経典に典拠はない

第十八条
異義：施量別報《せりょうべっぽう》――道場や道場主に布施する金額の多寡で、浄土往生に違いがでてくる
反論：布施に重要なのは信心であり、その多寡はまったく問題にならない。このような考え方は物欲を仏法にかこつけて同朋を脅していることになる

以上、当時の門徒に生じた異義と唯円の反論を紹介した。稚拙な異義（第十二条・第十八条など）も散見されるが、念仏や信心という易行の専修は、易行である分、このような多様な解釈（異義）を生じる危険性も孕んでいた。ともかく、唯円の『歎異抄』に

より、親鸞仏教は庶民にとって一層、身近なものになったのである。

「善悪は縁にしたがっておこる」――道元の人間観

道元の弟子である懐奘の『随聞記』を手がかりに、道元の人間観を紹介しよう。これは親鸞の人間観と好対照をなし、両者の仏教の特質を明確にする上で役に立つ。親鸞の人間観は、過去の業に縛られ、善をなそうと努力してもできず、また悪を止めようとしても意に反して犯してしまう凡夫の罪悪性にあるが、道元はどうか。道元の人間観が窺われる記述を『随聞記』から抜き出してみよう。

・仏も祖師もみな、もとは凡夫だった。凡夫のときは必ず悪業もあり、悪心もあった。鈍くもあり、愚かだった。しかしみな、それを改めて指導者に従い、仏の教えと仏の行いに従ったので、みな仏となり祖となった。今の人もそうでなくてはならぬ。自分は愚かだから鈍いからといって、卑下してはならぬ。（中略）求めれば、必ず得られるのだ（一・一三）

・最初から道心のある人など誰かあろうか。ただこのように起こしにくい道心を起こ

し、行じにくい仏道を行ずれば、自ずと進歩するのである。人はみな、仏性があるのだ。いたずらに卑下してはならぬ（二・一三）

・人が生まれつき鈍いというのは、やり遂げようとする気持ちが徹底していないときのことである。（中略）懸命に励み、志を貫徹すれば、悟りを得ない者は一人もいないはずだ。なまじ世智に長けた小賢しい者より、鈍根なようでいて、ひたむきな志を起こす人の方が、かえって早く悟りを得るものだ（三・一七）

・仏在世の人々がみな、生まれつき勝れていたのではない。大乗小乗の律蔵によって出家者たちを調べてみると、思いもよらぬ、道に外れた心を起こす者もあった。それでもみな、後には道を得て阿羅漢となった。してみれば、自分たちも悪く劣っているといっても、発心して修行すれば、道を得ることができるのだと知って、発心するのである（五・五）

・仏教で正法・像法・末法を立てるのは、一つの方便にすぎぬ。真実の教えは、そうではない。教えにしたがって修行すれば、みな悟れる。（中略）人はみな、仏法の器である。その能力がないと思ってはならない。教えにしたがって行ずれば、必ず悟ることができる（五・八）

・仏道においては、慈悲や智慧がはじめから具わっている人もある。たとえ具わっていなくても、修行すれば身につくのだ（六・一）

物事は、見る視点によって評価が異なる。瓶に半分残っている酒を「まだ半分ある」とみるか、「もう半分しかない」とみるか。「満」の状態を起点にするか「空」の状態を起点にするかで、「瓶半分の酒」の価値は大きく分かれる。同様に「私は鈍根だ」という事実も、「だから阿弥陀仏の慈悲でしか救われない」と他力に行くのか、「だから努力して悟りを得よう」と自力に進むのか、大きく異なる。「やればできる／今すぐやれ」というのが道元の基本姿勢だ。

最後に一つだけ、浄土教との対比で興味深い用例を紹介しよう。『随聞記』六・一五には、つぎのような記述がみられる。

本来、人の心に善悪はない。善悪は縁にしたがっておこる。（中略）心には一定の形が決定的にあるわけではなく、縁にひかれてどうにでもなる。だから、心は善縁に逢えば善くなり、悪縁に近づけば悪くなる。自分の心が元来、悪いと思ってはならぬ。

ただ善縁にしたがうべきなのだ。（中略）仏道を学ぶ人は、道心がなくても、立派な人に近づき、善縁に逢って、同じことを何度も見聞すべきである。

ここでも善悪が論じられているが、そこに宿業という暗い影はない。心は本来、善悪無記であり、縁にしたがって善くも悪くもなるから、悪縁を絶ち善縁に近づけと説く。つまり、親鸞の人間観は「過去→現在（人は過去の悪業に拘束された、意のままにならぬ存在）」という方向、一方、道元の人間観は「現在→未来（人は現在の業を変えることで未来は切り開ける存在）」という視点が強調され、好対照をなす。

親鸞仏教を奉ずる者からは、道元の人間観に「それができれば苦労せん！」という怨嗟の声が、道元仏教を奉ずる者からは、親鸞の人間観に「卑下せず、悟りを目指して修行せよ！」という叱咤の声が聞こえてきそうだ。

第四章　救いと悟り

本章では、本覚思想を手がかりに親鸞と道元の仏教の特徴を考える。他力で救われるにせよ、自力で悟るにせよ、それは仏教の最終目標である「成仏」を意味するが、人は本来悟っているという本覚思想にたいし、親鸞と道元はどのような立場をとったのか。本覚思想は日本の天台宗で独自に展開を遂げた特異な思想で、平安末期から鎌倉期にかけて日本の仏教を席巻したが、親鸞と道元はその本覚思想とどう切り結んだのか。

如来蔵（仏性）思想とは何か

本題に入る前に、本覚思想の発生母胎となったインド仏教から話を始めよう。
ブッダの時代、心はどう考えられていたのか。大乗仏教の興起以前、「仏」は基本的にブッダ一仏しかあり得なかった（過去仏は除く）。だが、大乗仏教になると、誰でも仏になれるという成仏思想が誕生し、成仏するには菩薩として修行することが求められた。その菩薩の出発点に位置するのが「菩提心」だ。つまり「悟りを目指す心」を発すことから修行が始まるのである。平川［1989］を参考に、この点をまとめてみよう。

「成仏を目指す」という決意は清浄だが、それは迷いの世である この娑婆《しゃば》世界で、しかも煩悩にまみれた人が発している。とすれば、その清浄な決意はどこから発せられたのか。初期の段階で「誰もが成仏できる」と考えた根拠は何か。平川は「自性清浄心《じしょうしょうじょうしん》」に注目する。大乗の修行者は、大乗の教えを聞くことで、自己の心の奥に自性清浄心（心性本浄）を発見し、それによって菩薩の自覚を持ち、菩提心を発したと考える。

では菩提心と煩悩の関係はどうか。菩提心は清浄なはずだが、現実にはそれが煩悩に汚されている。しかし、完全に汚されれば菩提心ではないし、菩提心を発すことさえできない。よって、菩提心が菩提心であるためには、汚されていないことが条件となる。

大乗教徒はこの矛盾を「客塵煩悩《きゃくじんぼんのう》」で超克した。つまり、〝主〟たる心は本来、清浄にして無垢だが、そこに外から来た〝客〟の煩悩がまとわりつき、清浄な心を汚していると考えたのである。このような考え方は初期経典にその萌芽がみられ、それを発展させて大乗仏教の如来蔵思想が誕生した。

これはすべての衆生に仏性（仏になる可能性）を認める思想で、大乗仏教の成仏思想の根拠にもなる。仏性があるからこそ、成仏が可能になる。ただし、この思想は大乗仏教の中期以降に成熟した思想であり、初期の段階ではその萌芽は認められるものの、まだ充分には熟していなかった。では、その概略を紹介しよう（勝本［2009］）。

如来蔵とは、どんな衆生も内に如来（仏）を蔵しているから、みな成仏できるという思想だ。ただし衆生には煩悩があるから、そのままでは如来ではない。衆生と如来の関係を、おたまじゃくしと蛙の関係に置き換えてみよう。おたまじゃくしは、蛙ではないが、蛙になる可能性を秘めている。同様に、衆生（おたまじゃくし）は仏（蛙）になる可能性を秘めているが、そのままでは依然として〝可能性〟のままであり、仏とは言えない。その可能性（仏性）に気づき、眠っている可能性を覚醒させて煩悩を除去するためには修行が必要なのである。

この如来蔵を初めて説いた『如来蔵経』によれば、衆生は煩悩にまとわりつかれているが、その中には清浄な如来が坐していると言う。また同じく如来蔵経典の『不増不減経』をみると、衆生と菩薩と如来の本質は法身（真理の人格化／人格化された真理）であり（「自性清浄心」と考えてもよい）、これに関して違いはないとする。
また『大乗涅槃経』では如来蔵を「仏性」という語で表現する。仏性は仏になれる要因であり、仏の本質といえる。ここから有名な言葉「一切衆生悉有仏性」という語が誕生した。このように、煩悩がどれほどまとわりつこうとも（客塵煩悩）、法身（自性清浄心）は不壊であるから、機が熟せば衆生は必ずいつか仏になれるというのが如来蔵思想の要点だ。

また、このような如来蔵経典とならび、その注釈文献も作成された。その中でも如来蔵思想を集大成し体系化した重要な論書が『究竟一乗宝性論《くきょういちじょうほうしょうろん》』だが、中国ではあまり流布せず、代わって『究竟一乗宝性論』に基づいて作成されたと推定される『仏性論』（世親作・真諦訳）が重視された。このうち、以下の論を展開する上で重要な如来蔵の三義についてまとめておく（頼住［2011］）。

能蔵：衆生が如来を蔵する（衆生の心の中に仏の本質が宿る）→インド仏教以来の自性清浄心の系譜を引く
所蔵：衆生が如来に蔵される（仏の世界によって衆生の世界が包み込まれる）→大乗

の利他行（仏の救い）
隠覆蔵《おんぷくぞう》：如来が衆生の中に隠されていて表に現れない（所蔵による能蔵にもかかわらず、煩悩で覆い隠されている。しかし、修行によってその本性を顕現できる）→「自性清浄心・客塵煩悩」の考え方

本覚思想と仏教の世俗化

本覚思想は多面的であり、その理解は容易ではない。本書では最低限の内容をふまえつつ、花野［2004］を参考に、その要点を解説しよう。「本覚」とは、インド仏教で誕生した如来蔵（仏性）をふまえ、中国の『大乗起信論《だいじょうきしんろん》』（本覚思想の起源となる中国の論書）で誕生した用語であり、元来は如来蔵や仏性とほぼ同義である。本覚は始覚と対をなすが、一般に始覚とは「修行を通じて始めて悟ること」、本覚は「本来悟っていること」と敷衍され、さらにそこから始覚とは「修行しなければ仏になれない」、本覚は「修行をしなくても始めから仏である」と解釈される。

その本覚思想の背景には、大乗仏教になってから高度に成熟した空思想に基づく相即の論理がある。この世界は実体のないもの（空）として、それ自体の実体性は否定され

ながらも、それはそれとして体得されるべき対象でもあるから、この否定されるべき現象世界（諸法）が真理そのものの世界（実相）として肯定されるようになる。日本天台の本覚思想に大きな影響を与えた智顗《ちぎ》は、これを「諸法即実相論」としてまとめた。

このほかにも「煩悩即菩提（煩悩〔心の汚れ〕は即ち菩提〔悟り〕）」、「生死即涅槃（生死〔輪廻の世界〕は即ち涅槃〔悟りの境地〕）」など、相即の論理に基づき、相反する両極が「即」で結びつけられると、衆生と仏も即で結ばれる。そして、これが極端に解釈されて衆生と仏が同一視されると、「修行不要論」になる。このように、本覚思想には〝教理〟の側面と〝修行〟の側面の両面があり、この区別をしっかりしておかないと、本覚思想の理解は混乱する。

「本覚」を最初に用いた『大乗起信論』は、たしかに一元的世界観を展開するが、修行不要論を説いているわけではない。また智顗の教説も、教理としては「凡夫と仏の平等」を説くが、修行論としては始覚の立場を取る。だから、教理として天台本覚思想を高調していた当時の比叡山の学匠も、その大半は何らかの修行をしていた。

この後、本覚思想にたいする道元の批判的な態度をみていくが、道元が批判したのは、教理としての本覚思想ではなく、天台本覚思想を盾にして修行不要論を唱えていた人々、

2022

2月の新刊

新潮新書

毎月20日頃発売

もしくは実際に修行をまったくしていない人々、さらには造悪無礙の振る舞いをしていた人々だったと花野は推定する。よって、道元は教理としての本覚思想（たとえば煩悩即菩提）は生涯を通じて否定しなかったばかりか、道元の修証一等の思想は天台本覚思想の基盤の上に始めて成立するとも指摘する。

ともかく、本覚思想は社会のありかたにまで影響を与えたようだ。悟りの世界と迷いの世界が近づき、ついには重なってしまうと、出家者と在家者の無境界化も進んだ。日本中世では、皇族・貴族をはじめ、武士や民衆にまで在俗出家（僧形をした俗人）が流行する一方、寺院では寺僧にくわえて荘園や門跡運営などの世間的業務に従事する寺官（世間者）が登場する。こうして本覚思想を背景に、世俗は仏教化し、仏教は世俗化し、戒律を軽視した結果、顕密僧の妻帯が常態化するなどした（平［2017］）。

此岸と彼岸の距離感

法然は本覚思想と真っ向から対立した（安達［2004］）。本覚思想の特徴が一元論なら、法然仏教は明確な二元論の立場に立つ。この世で死んだ後に極楽に往生するので、浄土教は「此岸（娑婆・穢土《えど》）／彼岸（極楽・浄土）」という二項対立が前提となる。「此岸か彼岸か」という対比で此岸が捨てられ、彼岸が選択される。法然の『逆修説法《ぎゃくしゅせっぽう》』六七日に「娑婆の外に極楽有り、我が身の外に阿弥陀仏有《まし》ますと説く」とあるように、娑婆と極楽、自分と阿弥陀仏が重なることはない（平岡［2019a］）。

では、親鸞はどうか。辻本［2018］は「親鸞と本覚思想の関係については諸説が入り乱れ、まだ定説をみるには至っていない」と言うが、ここでは法然との違いに焦点を当て、その特徴を明確にする。同じ浄土門でも法然と親鸞では大きな違いがある。結論を急げば、法然の厳密な二元論（娑婆と浄土／凡夫と仏）にたいし、一元論ではないが、親鸞はこの両者の距離を縮めている。したがって、法然仏教が彼方に置いた「救い」は、親鸞仏教では身近に引き寄せられている。

親鸞はその著書で直接「本覚」には言及しない。「生死即涅槃／自然法爾《じねんほうに》／煩悩菩提一味／絶対不二／如来等同」など、天台本覚思想を匂わせる記述も存在するが、ここではまず、「如来等同」に注目しよう。『親鸞聖人御消息』にはつぎのような表現がみられるが、これは親鸞が門弟からの問いかけ「信心を得た人は如来と等しいと言われるわけを詳しく教えてください」にたいして返信した内容である。

如来の誓願を信じる心が定まるとき、摂取不捨〔阿弥陀仏の光明は念仏の衆生を〕摂取して捨てたまわず〕の利益にあずかるから、不退転の位に定まるとご理解くださ い。真実の信心が定まるというのも、金剛なる信心が定まるというのも、〔阿弥陀仏の〕摂取不捨〔の本願〕ゆえに申しているのです。であるからこそ、無上覚に至るべき心は起こると言うのです。これを不退転の位とも、正定聚の位に入るとも言い、等正覚に至るとも言うのです。

このような心が定まるのを十方の諸仏はお喜びになり、諸仏の御心に等しいとお褒めになるのです。こういうわけで、真の信心の人を諸仏と等しいと言うのです。また一生補処《いっしょうふしょ》の弥勒《みろく》〔菩薩〕と同じとも言うのです。（中略）信心が真実なる人の心を、数かぎりない十方の如来はお褒めになるので、仏と等しいと言うのです。

ここでは「一生補処」など、大乗仏教の菩薩の修行階梯に関する用語が頻出する。新たに菩提心を発した菩薩を「新発意《しんぽっち》の菩薩」と言う。ここから出発し、一〇段階（十地）あるいは五二位という長い道のりを経て最終的に仏になるが、ここにみられる「不退転／正定聚／一生補処」はその修行階梯の中の用語で、いずれも菩薩の修行の最終段階を意味し、あと一歩で仏になる状態を意味する。ここで辞書的な説明をしておこう。

不退転：退転することなく、必ず仏になる状態
正定聚：仏になることが正しく定まっている状態
一生補処：あと一つの生涯だけ迷いの世界に繋がれ、その後は悟りに至る状態

真の信心を得れば、このような状態に至ると親鸞は説くばかりか、弥勒菩薩に等しい位に至るとも説く。弥勒菩薩とは、仏滅後、五六億七〇〇〇万年先に仏になるとされる娑婆世界の未来仏で、凡夫はその弥勒菩薩と等しいと言う。またそれに留まらず、諸仏と等しいとまで親鸞は言う。これが『浄土和讃』では「真実信心うるひとは　すなわち定聚（正定聚）のかずにいる　不退のくらいにいりぬれば　かならず滅度（悟り）にいたらしむ」と表現される。

さきほど引用した『親鸞聖人御消息』と同様の内容がここでも確認できる。ここから「現生正定聚」や「往生即成仏」も導き出されるが、ここに親鸞仏教の特徴がある。法然仏教では正定聚の位に入るのも成仏するのも、浄土往生を果たしてからになるが、親

鸞仏教では、真の信心を獲得すれば現生ですでに正定聚の位に入り、また浄土往生を果たした段階で直ちに救いが実現する。つまり、法然仏教の救いの進捗を一段階ずつ先取りしている格好になる（後述）。

竹村［2017］は、「ここに至って親鸞の浄土教は、決して死後に望みを託す現実逃避の教えではなかったことが知られる。来世になってはじめて救われるというのではなく、即今・此処・自己の問題解決の道であったことが知られるであろう」と指摘する。

まとめると、法然仏教の特徴である厳密な二元論と比較すれば、彼岸（正覚や仏・菩薩）が此岸に引き寄せられ、本覚思想に接近しているようにみえる。しかし、その彼岸と此岸の距離が縮まっているとはいえ、両者は無条件で同等と考えられているわけではないし、また「真実の信心獲得」という大前提のもとに、あくまで救いが実現する距離（時間）を縮めただけであることを忘れてはならない。

真実の信心とは

つぎに問題となるのは、その救いをもたらす真の信心をいかに獲得するかという点だ。この問題を解くことで、親鸞仏教が救いを先取りする理由も明らかになるが、これについては、「菩提心」や「仏性」も射程に入れて考えてみたい。

法然は菩提心を否定した。菩提心は大乗仏教の出発点に位置する重要な概念であり、これがなければ最初の一歩が踏み出せないし、大乗仏教の最終目標である成仏も成就しない。それを法然は大胆にも否定した。罪悪生死の凡夫には菩提心を発すことさえできないと考えたからだが、浄土に往生し、阿弥陀仏の救いにあずかれば、自ずと菩提心を発すことができるので、念仏による浄土往生を優先させただけであり、全面的に菩提心を否定したわけではない。

しかし、明恵は『摧邪輪』でこの点を厳しく批判したので、法然門下の弟子たちはこの問題を無視できなかった。明恵と同世代の浄土宗第二祖とされる聖光は『徹選択集』で、菩提心を聖道門の菩提心と浄土門の菩提心とに二分し、「浄土に往生しようと願う心」が浄土門の菩提心であるとし、浄土に往生すれば、必然的に聖道門の菩提心（悟りにたいする心）は生じると考えた。では同じく明恵や聖光と同世代の親鸞は、これにどう向かいあったのか。

この問題を扱うには、まず三心から始めなければならない。『観無量寿経』には、浄土往生に三心（至誠心・深心・回向発願心）が必要と説かれる。三心のうち、「至誠心」

とは「真実の心・誠の心」、「深心」とは「深く信じる心」、そして「回向発願心」とは「浄土往生を願う心」を言うが、善導はこの三心を具えて念仏すること（三心＋念仏）を阿弥陀仏による救いの要件とした。一方、法然は念仏の専修（一行の選択）を目指したので、善導の「三心＋念仏」を一行に収め採る必要があった。そこで法然は「念仏すれば、自ずと三心は具わる」と解釈し、三心を念仏に吸収したのである。

では親鸞はこの三心とどう対峙したのか。

浄土教で念仏往生の根拠となるのは、『無量寿経』の第十八願である。漢訳では「設し我れ仏を得たらんに、十方の衆生、至心に信楽《しんぎょう》して我が国に生まれんと欲して乃至十念せんに、若し生ぜずんば正覚を取らじ。唯し五逆と誹謗正法とを除く」とある。このうち傍線部で示した部分、「至心／信楽／欲生我国《よくしょうがこく》」を三心に置き換え、至心＝至誠心、信楽＝深心、欲生我国＝回向発願心と解釈する。そして『教行信証』「信巻」で三心を解釈していくが、そのうち「至心（至誠心）」の解釈はつぎのとおり。

〔無始の昔より、衆生は煩悩に汚染され、衆生の側には一片の真実もない。一方、如来はその衆生を哀れみ、長劫の修行を積まれ、清浄でないことはなく、真実でないことはなかった。如来はその清浄なる真心によって至高の徳を成就された（要約）」この如来の至心を、あらゆる迷いの世界に住む、煩悩にまみれ、悪業を重ね、邪智しか持たない一切の人々のために回向して施与してくださった。つまり、至心はその如来の利他の真心を表している。ゆえに、この至心には疑いの混じることがない。なお、この至心は至高の尊号（名号）を本体としている。

凡夫が真実の心（至心）など起こせるはずもないので、親鸞は至心を如来から回向され施与されたと解釈する。同様に信楽（深心）も、つぎのように解釈される。

つぎに、信楽とは、如来が大悲を満足し、妨げられることなく一切に通達している広大な信心のことである。ゆえに、この信楽には疑いの心が少しも混じってはいない。だからこそ、信楽と名づけるのだ。つまり、この信楽は他者を利益せんとして我々に回向してくださる如来の至心を本体とする。

ここでも自力作善《さぜん》によって人間が信楽（深心）を持ち得ないことを親鸞は確認する。

これに続く欲生我国（回向発願心）も、同様に説かれる。

つぎに欲生（我国）とは、すなわち如来があらゆる迷いの世界の人々を我が浄土に招き呼びよせる勅命のことである。よって、真実の信楽をもって、この欲生心の本体とする。

こうして三心とも人間の側の問題ではなく、如来の側から施与されたと受け取るが、親鸞による三心の解釈はこれに留まらず、さらに展開していく。法然が三心を念仏に吸収したように、親鸞も三心を一心に吸収する。世親の『浄土論』には「世尊、我れ一心に尽十方無礙光如来に帰命し、安楽国に生ぜんと願ず」という一文が冒頭に掲げられているが、親鸞は三心を傍線で示した「一心」に吸収し、つぎのように言う。

愚かな衆生がわかりやすいように、阿弥陀如来は三心を言われたが、仏道の究極としての涅槃を達成する真の要因は、ただ信心にほかならない。ゆえに、世親は三心を合して一心とされたのではないか。

こうして、三心は一心に吸収され、その一心は信心、すなわち「如来より賜りたる信心」にほかならないから、親鸞仏教における救いは「如来より賜りたる信心」をもって完成する。よって、ここで問題とする「菩提心」も「仏性」もこの信心から導き出されることになるのは自然の流れであろう。

救いの先取り

『教行信証』「信巻」で、親鸞は菩提心を論じているので、改めてそれを紹介しよう。親鸞は菩提心を「横／竪」と「超（飛び超える）／出（進み行く）」の組み合わせで四つに分類し（竪出・竪超・横出・横超）、仏教の教相判釈を試みる。このうち「横超」こそが阿弥陀仏の本願力で回向された信心であり、これが浄土教の菩提心、つまり救済の根拠であるとする。

つぎは仏性の問題。親鸞は『教行信証』に『大乗涅槃経』を夥しく引用し、仏性に大きな関心を払っていたことがわかるが、ここでは親鸞自身の言葉の中で「仏性」がどう説かれているかを『唯信鈔文意《ゆいしんしょうもんい》』と『弥陀仏和讃《みだぶつわさん》』から簡単に紹介する。

『唯信鈔文意』

・この〔阿弥陀〕如来は無限の世界の隅々に遍満している。すなわち、一切衆生の心なのである。この心に誓願を信じるのであるから、この信心はすなわち仏性であり（後略）

・至心・信楽・欲生の三信心は真実の信心であり（取意）、（中略）この心はすなわち大菩提心であり、大慈大悲心であり、この信心はすなわち仏性であり、また如来〔そのもの〕である

『弥陀仏和讃』

・信心を喜ぶその人を、如来と等しいと説く。大信心は仏性である。仏性はすなわち如来である

信心は菩提心でもあり仏性でもあるとし、それが阿弥陀仏から施与されたと理解するところに親鸞仏教の救済の特徴がある。こうして此岸（迷いの世界）の衆生は、此岸に

いながら〝彼岸的なもの（如来からの贈物（信心））〟を与えられているから、法然仏教と比べれば、救いが少しずつ先取りされていく。「如来より賜りたる信心」こそが親鸞仏教における「救いの先取り」の要因だったのである。

「修行と悟りは一体である」──修証一等

では、本覚思想という視点から道元仏教をみてみよう。一四歳にして比叡山で出家し、天台宗の僧侶となった道元が、修行を不要とする天台本覚思想に疑問を抱いて比叡山を下りたのであるから、本覚思想の修行不要論に否定的態度を取ったことは間違いない。だが、道元は本覚思想の〝教理〟には自己の思想の基盤を置くので、否定していないどころか、それを受用し、発展的に展開している。では、道元仏教の「修証一等」を説明していこう。

インド仏教以来、悟りのための修行はさまざまに展開してきた。伝統仏教の八正道《はっしょうどう》、そして大乗仏教の六波羅蜜などだが、これ以外にも多くの修行法が説かれ、伝統仏教ではそれが最終的に三十七菩提分法としてまとめられるが、仏教の修行論は大枠としては三学に収まる。三学とは戒学・定学・慧学であり、戒を持して身心を整え、それに基づいて定（精神集中）を実践し、最終的に慧を獲得するのが三学の基本であった。これによれば、戒と定は「手段」、慧は「目的」という関係になり、同じ鎌倉新仏教の栄西はこの伝統的な三学観に基づき、定（禅）とならんで戒を重視した。

しかし、道元はこの伝統的な三学観を覆す。道元の専修は「只管打坐」であり、坐禅の一行を選択するので、三学でいえば「定」のみを選択することになる。とすれば、戒はまだよいとして、慧はどうなるのか。慧は仏教全体の目的であるから、絶対に無視できない。こうして考え出されたのが修証一等だ。「修」は「定（禅）」の修行、「証」は「慧」であるから、「定＝慧」とみなされる。

道元が比叡山で出家したとき、修行を不要とする天台本覚思想を批判したことは指摘したが、これに答える形で打ち出したのが修証一等である。すでに説明したように、「本覚」とは「始覚」にたいする言葉で、「本来的に衆生には自覚の性質があること」、始覚とは「自覚していない衆生が始めて悟ること」を意味する。本覚思想は、具体的な現象世界をそのまま悟りの世界として肯定する思想であり、これを極論すれば、「すでに悟っているのだから修行は必要ない」という修行不要論にもなる。

しかし、道元はこれを逆手に取り、本来悟っているからこそ、その悟りを自覚的に顕現するために修行が必要だと説き、本覚思想に基づく修行不要論を一蹴する。では、その内容を『弁道話』の記述で確認しよう。

仏法で、修行と悟りは等しい。今、行っている修行も〈本来的な〉悟りに基づいているから、初心者の修行も本来的な悟りそのものだ。それゆえ、修行の心構えを授けるにあたり、修行のほかに悟りを期待してはいけないと教えるのである。

このように、「修行を因とし、その結果として悟る」のではなく、「本来的な悟り」を基盤として〈あるいは「基盤とするからこそ」〉、修行が成立する。悟りとは、仏教の真理「縁起／空」を自覚することだが、それは自らの存在が「縁起／空」という真理に貫かれているからこそ自覚でき、我々自身が「縁起／空」という真理の外側にいれば、それを自覚することは不可能である。だから修行とは、真理に貫かれている者が自らを貫く真理に気づき、その真理を顕現することである。道元はつぎのようにも説く。

すでに、悟りと別ではない修行がある。我々は幸いにこの身に素晴らしい修行〈坐禅）を継承しているので、初心者の修行でも、この身に本来的な悟りを無為（究極）の次元で獲得する。修行と一体化した悟りを汚さず顕現するように、仏祖はしきりに修行を怠ってはならないと教えている、と知るべきである。

ここでも修行と悟りとは一体であり、悟りを基盤に修行が成立すると明言する。ここで興味深いのは、初心者の修行でも、本来的な悟りを無為（究極）の次元で獲得していると説いている点だ。実際に修行している初心者の側からみれば、その実感はないが、悟り（証）の側からみれば、初心者も上級者も、修行に打ち込むかぎり、その場はいずれも無為という究極の次元になる。

行持：修行の継続性

さらに、行持（修行の継続性）について『正法眼蔵』「行持」の冒頭をみてみよう。

仏祖の大道には無上なる行持があり、環のように〔連続して〕断絶しない。発心・修行・菩提・涅槃には毫も途切れがなく、行持が円環していく。〔行持は〕自分が強いてするのでも、他に強いられてするのでもない。〔これが〕何にも汚されない行持だ。この行持の働きにより、自己が成立し、他者も成立する。この意義は、自分の行持が十方世界にその働きを及ぼしているということだ。他者も自分もそのことを知らなかったとしても、そうなっている。それゆえ、諸仏諸祖の行持によって我々の行持も実現し、我々に大いなる仏道が通達する。また我々の行持によって、諸仏の行持も実現し、諸仏に大いなる仏道が通達する。

ここで興味深いのは、道元が悟りの後（涅槃）のみならず、悟りの前（発心・修行）も悟りに含めて考えている点だ。修証一等の立場からすれば、当然、悟りの前段階も悟りに含まれる。こうして、行持を基盤に発心から涅槃まで継ぎ目なく繋がり、すべてが連続していく。『弁道話』はこれを「修行あっての悟りであるから、悟りに果てはなく、悟りあっての修行であるから、修行に始まりはない」と示す。この記述から、頼住は末木との共著［2018］で、道元の行持を三つの次元で整理する。

①自己における修行の連続性（修証一等）

②自己が修行するとき、世界のすべてとともに修行する（空間的連続性）
③自己が修行するとき、三世（過去・現在・未来）の諸仏や祖師たちとともに修行する（時間的連続性）

この三つの次元の連続性を根底で支える「行持の功徳（はたらき）」について、頼住はこう説明する。修行は自分の意思で行っているのでも、他者からの強制で行っているのでもない。それは自他という二分法（分別）を超えた、自ずからなる仏道（大道）のはたらきによって修行が成立している。そのはたらきを自らの身心に顕現させるのが行持であり、行持によって我々は本来あるもの（仏）になる。

縁起は時間的にも空間的にもすべてを関係性の中でとらえ、その関係性の網から漏れるものは何一つないとする思想だが、これをもとにさきの引用文をみると、空間的には自己が他者（十方世界）に影響をあたえ（その逆〔十方世界が自己に影響を与えること〕はここでは説かれない）、時間的には自己と三世の諸仏等とが互いに基礎づけあう。こうして行持は、「今／此処」を起点に、無限の時空と繋がりあい、壮大な規模の中で営まれる行為となる。

絶えざる修行

道元のめざした仏教も大乗仏教であるから、仏性は避けて通れない思想ではあるが、道元の仏性理解は、従来の理解とは大いに異なる。その違いに注目しつつ、頼住［2011］を参考に道元の仏性観をまとめよう。まず、道元が否定する仏性とはいかなるものか。

『正法眼蔵』「仏性」には「衆生は本来、仏性を具足しているわけではない。具足しようと求めても外からやってくるのでもない」、「仏性を衆生に内在する草木の種のように理解し、水や日光などを縁として花が咲く（成仏する）」と考えるのは凡夫の浅はかな考えであるとし、さらに仏性を、永遠不滅の霊魂（アートマン）である「霊知／霊性／識神」のごとく理解するのも外道であると厳しく批判する。

これらの説の何が問題なのかと言うと、いずれの説も仏性を「衆生に内在する固定的なもの」と捉え、「仏性の有無」を問うことのみに腐心しているが、そのような仏性理解は「仏性」を〝実体視〟してしまう危険性があると道元は考えたからだ。では道元は、衆生に内在するものとしてはとらえきれない「仏性」をどのように理解したのか。

『大乗涅槃経』には「一切衆生悉有仏性」が説かれているが、道元はこの一文を引用し、独自の解釈を施す。普通に読めば、「一切の衆生は悉く仏性を有す」となるが、道元は「悉有仏性」を「悉有は仏性なり」と読む。これによって、何がどう変わるのか。

通常の読みなら、衆生から離れて仏性という何らかの固定的なものがあり、あたかも容器の中に何らかの物体が入っているように受け取られてしまう。だが、道元にとって衆生と仏性とは別物ではなく、仏性は存在の全体に関わらせて理解される。

道元の言う「悉有」は「真理（法）の遍満する全体世界／全体存在」のことで、衆生は「悉有（全体）」でありながら「一悉（個）」であると言う。そして悉有を担う一つのありようとして個々の衆生があり、同時に個々の衆生として悉有が現れている。換言すれば、衆生は全体世界の一発現（一悉）であることによって悉有という全体を体現している。まさに「一切即一／一即一切」の世界だ。

悉有（真理〔法〕の遍満する全体世界）は、世界の真実相（実相）として顕わになっており、衆生が修行して悟ったとき、世界はまさにそのようなものとして発現してくると道元は言うが、時間を無視してそのような世界を設定するのではない。この世界の発現は瞬間瞬間、新たに更新し続けられなければならない。世界全体が顕現すると言った場合、それは自然にそうなるのではなく、修行者がそのようなものとして発現せしめることを意味する。

ここで修行の継続性（行持）が重要となる。仏性とはまさにこのような修行の継続（行持）において、新たなるものとして発展し続けるのである。悉有は個々の衆生にとって最終的に「仏性」として発現するとしても、その発展は衆生の修行によって常に支えられてはじめて可能になる。絶えざる修行によって「悉有」と「仏性」とはかろうじて結びついていると頼住は指摘する。

『正法眼蔵』「仏性」で道元は、「仏性の道理は、仏性は成仏より先に具足するのではない。成仏してから具足するのである。仏性は必ず成仏と同参する」と言う。「修行し続けること以外に悟りは成立せず、修行の一瞬一瞬が悟りの一瞬一瞬である（修証一等）」と主張した道元にとって、「仏性と成仏が同参する」ということは、「仏性は修行によってこそ成立する」ことを意味している。そして、道元にとってその修行とは何かと言うと、それは只管打坐、つまりひたすら坐禅するということになる。

以上、道元の仏性論をまとめてみたが、修証一等に顕著にみられるように、教理面に関しては本覚思想を基礎としながら、それを大いに発展させている。伝統的な三学観を超越し、本来は慧（悟り）を得る手段でしかなかった定（坐禅）を慧と同一視（一等）

した点は道元仏教の特徴であり、同じ禅仏教の栄西にはみられなかった点である。

しかしその一方で、修行不要論には厳しい批判を加え、無窮に修行を継続することを強調したが、その批判の矛先は本覚思想の教理そのものではなく、修行不要論に胡座をかき、造悪無礙の振る舞いをしていた当時の出家者にたいしてであった。

第五章　特殊と普遍

親鸞は自己の救済（特殊）から万人の救済（普遍）へ、また末法という特殊な時代性から出発し、法然の念仏の教えを三時（正法・像法・末法）に通じる普遍的な教えに昇華させた。一方、道元は独自の時間論を展開し、無常なる一瞬という特殊な「今」に「永遠の今」という真理の普遍性をみいだした。つまり親鸞と道元は、特殊な事象を入口として普遍性を追求したことになる。本章では「特殊と普遍（あるいは「相対と絶対」）」という視点から、二人の仏教の特徴をまとめてみたい。

末法観の変遷：道綽から法然へ

浄土教自体は、末法思想あるいは法滅思想とは関係なく、インド大乗仏教の一支流として誕生したが、中国や日本では末法思想を背景に人気を博していった。では木越［2012a; 2012b］を参考に、まずは末法と浄土教とを初めて本格的に結びつけた道綽（五六二〜六四五）の仏教、およびそれを継承発展させた法然の末法観を紹介しよう。

道綽の『安楽集』は、時機相応を根拠に浄土門に帰入すべきことを説く。時と機が合致すればブッダの教えは機能するが、そうでなければ修行しても悟りを得ることは難しくなるという理解に基づき、末法という時代背景（時）と、その時代に住まう自分自身（機）とを考慮し、時機相応の教えとして浄土門への帰入を主張した。

道綽はその理由を二つあげる。一つは、今（道綽の時代）が仏滅からはるかに長い年月を経過してしまったこと、もう一つは、衆生の能力が劣り、ブッダの教えを理解して修行に堪えうる者がいないことである。こうして、今は教のみ存在して行と証とがない末法ゆえに「ただ浄土の一門のみありて通入すべき路なり」と道綽は説く。

この道綽の末法観を、法然も一旦は継承する。『選択集』は三重の選択により最終的に本願念仏の一行を選択するが、第一章では、その第一の選択が道綽の教相判釈（後述）に基づいてなされる。章名「道綽禅師聖道浄土の二門を立てて、しかも聖道を捨てて正しく浄土に帰するの文」が示すとおり、仏教を聖道門と浄土門とに分け、そのうち末法に時機相応の教えとして浄土門に帰入すべきことを説く。その根拠として、道綽が挙げた二つの理由を法然も採用する。

ただし、法然は道綽の末法観をそのまま援用はしない。『選択集』第六章の記述に注目してみよう。『無量寿経』の「我が滅度の後をもって、また疑惑を生ずることを得ることなかれ。当来の世に経道滅尽《きょうどうめつじん》せんに、我れ慈悲哀愍《じひあいみん》をもって特にこの経を留めて止住すること百歳せん」に基づき、「〔末法一万年以後の〕一〇〇年の間、念仏を留めるその道理はもっともなことだ。この念仏の行は、その〔末法以降の一〇〇〇年の〕人々だけが被る教えなのか、それとも正・像・末〔の三時〕の機に通用するのか」という問いにたいし、法然は「広く正・像・末〔の三時すべて〕に通用する」と答える。

道綽において浄土門（念仏の教え）は末法に限定された特別な教えにすぎず、末法でなければ浄土門の存在価値はないが、法然は浄土門を、末法のみならず、三時すべてに通用する「普遍的な教え」に格上げした。念仏が最下層の凡夫でも実践でき、また往生が確実な教えであるなら、当然それは像法でも正法でも通用するはずであるからだ。この法然の念仏観は、彼の著書の中で随所に確認できる（詳細は省略）。

法然は浄土門の念仏の教えを、末法限定の特殊な教えではなく、正像末の三時すべてに通じる普遍的な教えと解釈した。師の教えを受けた親鸞も念仏を三時に通ずる教えとして展開するが、親鸞はこれをさらに強化し、法然の教えの普遍化を試みる。

親鸞の末法観

では親鸞の末法観をみていこう。当然のことながら、末法を悲観的にとらえる視点も親鸞にはある。『正像末和讃』をみてみよう。

釈迦如来かくれましまして　二千余年になりたまう　正像の二時はおわりにき　如来の遺弟悲泣せよ（一）

末法五濁の有情の　行証かなわぬときなれば　釈迦の遺法ことごとく　龍宮にいたりたまいにき（二）

釈迦の教法ましませど　修すべき有情のなきゆえに　さとりうるもの末法に　一人もあらじとときたまう（五五）

このように一般的な末法観に立ち、親鸞は悲泣すべき時代がやってきたと認識するが、嘆いてばかりいるわけではない。法然の末法観を継承し、同じ『正像末和讃』で「正像末の三時には　弥陀の本願ひろまれり　像季末法のこの世には　諸善龍宮にいりたまう」とも説く。『教行信証』「化身土巻」には、つぎのような表現もある。

今、まことに知ることができた。聖道の諸教は〔釈尊の〕在世と正法のためにあり、まったく像法・末法・法滅の時機には〔ふさわしく〕ない。すでに時代にあわず、人の資質に背くからである。浄土の真実の教えは、〔釈尊の〕在世・正法・像法・末法・法滅の多くの衆生を等しく救済する。

このように、親鸞も浄土門の念仏が末法限定の傍教的な〝方便の教え〟ではなく、ブッダ在世時から法滅までを貫く〝真実の教え〟であることを宣揚する。では、親鸞は具体的に末法の何を問題としたのか。それは聖道門の仏教が時機相応でないことにくわえ、行と証とが荒廃した点だ。すでに見た『正像末和讃』や『教行信証』「化身土巻」の後序の冒頭で「聖道の諸教は行証が久しく廃れ、浄土の真実の教えは証道が今、盛んである」と説かれているからである。

これを念頭に置き、親鸞が『教行信証』を著した意味をふたたび考えてみよう。本書の序章で『教行信証』著述の目的を「親鸞は法然が明らかにした選択本願念仏の正当性を証明すべく、末世における教と行と証とは何かを探究し、末世でも正法が成り立つことを立証した」と述べた。つまり、親鸞は末法の時代の「教」を『無量寿経』に説かれた本願念仏の教え、「行」を阿弥陀仏が選択された念仏、そして「証」を阿弥陀仏の救済による極楽往生とした。

親鸞は末法でも「教・行・証」が成立することを証明したが、「教・行・証」が成立するということは、今がまさしく正法であると逆説的に唱えていることになる。聖道門にしたがえば、末法は行証の荒廃した時代だが、浄土門にしたがえば、今まさに正法という認識になり、価値観が逆転する。つまり、伝統的な解釈では聖道門が真実の教えで浄土門は方便の教えとなるが、親鸞は末法における「教・行・証」が成立することを証明し、聖道門が方便の教えで浄土門こそが真実の教えとする。

ここで『教行信証』の正式名称を再確認しておこう。それは『顕浄土真実教行証文類』である。つまり、「浄土という真実の教・行・証を顕らかにする文類」であり、傍線部分の表現「真実の」は、これまでの聖道門が仮（方便）であることを暗示している。こうして、末法を正法ととらえることで、三時がすべて正法で刷新されてしまう。末法は「人間の本性がむき出しになる時代」、まさに「人間の本音の時代」とも言える。そして浄土門の念仏の教えは、その人間の本性が露わになった時代にふさわしい教えなのである。「人間の本性」という意味では、逆説的だが、正法・像法は「仮」の時代、末法こそ「真」の時代ということになり、その〝真の〟人間の姿にぴったり対応するのが浄土門の念仏という〝真実の〟教えということになる。人間の本性がその正体を現すにつれて聖道門は龍宮に姿を隠し、それと反比例して浄土門の教えが姿を現し、「浄土の真実の教えは証道が今、盛んである」と説かれるに至る。

真実の教えとしての浄土教

伝統的な聖道門（真実）と浄土門（方便）の解釈が変わると、従来の浄土教にたいする解釈も変更を余儀なくされる。その点をつぎにみていくが、本題に入る前に、まずはその前提となる経典の歴史から整理する。

歴史的にはブッダの教えに基づいて初期経典が編纂され、また仏滅後三〇〇年ほどが経過した紀元前後、大乗経典が新たに創作された。その紀元前後、口伝で伝承されていた経典の書写が始まると、書写経典は中央アジアを経て中国に将来される（下田［2020］は、大乗経典の誕生を伝承形態の変化〔口伝→書写〕から考察している）。

ただし、経典は初期経典や大乗経典など歴史的な成立を無視して中国に入ったので、中国人は内容の雑多な経典をある視点で整理する必要があった。これを「教相判釈」と言う。これは客観的に経典を整理分類するというのではなく、自らの価値観にしたがって整理した点が重要だ。ともかく、当時の中国や日本の仏教者にとって、初期経典も大乗経典もみな「仏説」として受容された。

これをふまえ、浄土三部経の一つである『観無量寿経』をとりあげよう。これは浄土教の興隆に貢献した重要な経典であるが、インド撰述は疑問視されている。しかし、当時の仏教徒にとって、それは問題ではなく、本経も仏教の真実を説く仏説として受容された。この経では仏教教団の反逆児の提婆達多（デーヴァダッタ）に唆されたマガダ国の阿闍世（アジャータシャトル）王子が父である頻婆娑羅（ビンビサーラ）王を幽閉した話が導入部で語られる。王は最後には殺されてしまうが、幽閉中、王妃の韋提希（ヴァイデーヒー）は体に蜂蜜などを塗って国王に食事を提供した。

これは「王舎城（マガダ国の首都）の悲劇」としてインドの仏典に登場する有名な話

だが、韋提希に懇願されたブッダが心想羸劣《しんそうるいれつ》（心が弱り劣っていること）なる王妃に極楽世界や阿弥陀仏を観想する方法を説く件《くだり》は『観無量寿経』に特有の記述である。本経では、ブッダに反逆して無間業《むけんごう》を犯した提婆達多、罪深い王子を産んだ韋提希、また自分の父を幽閉して殺してしまった阿闍世など、罪や悪に彩られた人物が登場する、浄土教にふさわしい経典だ。

歴史的にみれば、この王舎城の悲劇は、数ある大乗経典の一つである『観無量寿経』に説かれる特殊な出来事にすぎないが、親鸞はここに仏教の普遍性を読み取ろうとする。『教行信証』の冒頭にある「序」をみてみよう。

ここに浄土教を説き明かす機縁が熟し、提婆達多が阿闍世を唆して頻婆娑羅王を殺害させた。そして、浄土往生の行を修める正機が明らかになり、釈尊が韋提希を導かれて阿弥陀仏の浄土を願わせた。これは菩薩たちが仮の姿をとって（権化の仁）、苦しみ悩むすべての人々を救おうとされたのであり、また如来が慈悲の心から五逆罪を犯す者や、仏の教えを謗る者や、一闡提の者を救おうと思われたのだ。

これによれば、浄土教は王舎城を舞台に起こった偶然の出来事を契機として説示されたのではなく、仏教の真実を説き明かす機縁が熟したために、説くべくして説かれた教えということになる。「権化の仁」とは、深い慈しみの心（仁）から菩薩が教化のために仮の姿を現す（権化）ことを意味する。

心想羸劣なる韋提希も、父王を殺害した阿闍世も、また事件の首謀者で五逆罪を犯した提婆達多も、浄土教の真実を開顕するため、菩薩たちがあえてそのような姿を現したと理解される。つまり、浄土教は大乗仏教の一支流ではなく、ブッダ在世当時から仏教の本流として説かれた教えということになる（木越［2012a］）。

さきに『教行信証』「化身土巻」の「浄土の真実の教えは、〔釈尊の〕在世・正法・像法・末法・法滅の多くの衆生を等しく救済する」と紹介したが、この「〔釈尊の〕在世」にあたるのが、この王舎城の悲劇だ。こうして、法然を承けた親鸞は伝統仏教で特殊な教えとされた浄土門の教えを三時に普遍する教えとしてさらに強化し、また特殊な出来事である王舎城の悲劇を、仏教の真実を象徴する出来事として普遍化した。

ブッダ出世の本懐とは

浄土教が真実の教えなら、仏教の開祖ブッダの役割も従来の解釈とは違ってくる。浄土教の理解も仏教者によって異なるが、少なくとも親鸞は浄土教を「極悪なる最底辺の人間が救済される教え」と理解した。よってブッダの使命は、そのような人間の救済であり、たんなる衆生救済や衆生一般の救済ではなかった。ブッダは極悪人を救済するために、この世に出現したが、これこそがブッダの出世の本懐と親鸞は考えた。

では、親鸞が考えた極悪人とは具体的にどのような人間か。本書序章でも触れたが、さきほどの引用文にある五逆罪・誹謗正法・一闡提（成仏の可能性が絶たれた人）という「難化の三機」だ。『教行信証』「信巻」をみてみよう。親鸞は難化の三機を象徴する阿闍世とブッダの出世とを関連づけた『大乗涅槃経』の文を引用する。

釈尊はこう言われた。「善男子よ、さきほど言ったように、私は阿闍世のために涅槃に入らない。このことの深い意味を汝らはまだ理解できないだろう。それはどういう意味かといえば、「ために」というのは、「すべての凡夫のために」ということである。「阿闍世」とは、ひろくすべての五逆罪を犯す者のことである。また「ために」

とは、「迷えるすべての衆生のために」ということである。私は迷いを離れて真理を悟った衆生のために世に留まっているのではない。なぜなら、真理を悟った者はもはや衆生ではないからだ。「阿闍世」とは、あらゆる煩悩を備えた者のことである（後略）」

ブッダ出世の本懐は、難化の衆生こそを救済することであった。では、なぜ親鸞はこれほどまでに阿闍世に代表される難化の衆生の救済にこだわったのか。石田［1989］によれば、それは親鸞自身が阿闍世に自己を投影していたからだと言う。この引用の少し前に、親鸞の徹底した自己否定的省察がみられる。

じつに身をもって知った。悲しいことに、愚禿親鸞（私）は愛欲の広い海に沈み込み、名利の大きな山に迷い込んでしまって、成仏が確定している人々の仲間に入ることを喜ばず、真実の悟りに近づくことを快く思わない。恥ずかしいことだ、悲しいことだ。

親鸞は自己を「難化の衆生／最底辺の凡夫」と位置づけ、そのような自分が救済される根拠を模索した。『歎異抄』の「弥陀の五劫思惟《ごこうしゆい》の願をよくよく案ずれば、ひとえに親鸞一人がためなりけり」も視野に入れると、親鸞は利己的な人間にみえる。

しかし、親鸞は最下層の自分が救済されれば、それは万人が救済される道をみいだしたことになると考えたのではないか。だからこそ、真の仏弟子たらんとした非僧非俗の親鸞は、同朋として他の同朋に浄土の真実の教えを説き続けた。特殊な個の救済を入口として浄土の真実の教えを確立し、自己の救済を万人の救済へと普遍化したのである。

時代という視点からこれをみれば、末法という特殊な時代を入口として浄土という真実の教えに出逢い、浄土教を末法という特殊な時代にのみ通用する方便の教えから解放すると、正法・像法・末法の三時、ひいてはブッダ在世と法滅をも含めた、あらゆる時代に適合する普遍的な教えに昇華した。

このように、親鸞は普遍性を徹底的に追求した。その入口は、個人の救済、あるいは末法という特殊な事項であったが、親鸞はその特殊性に留まることなく、その出口において普遍性をみいだした。ここに親鸞仏教の特徴があるが、これは道元にも共通する。

存在と時間

道元は「今」という特殊で具体的な時間を入口にし、そこから時間のみならず空間をも巻き込み、その特殊な「今／此処」に普遍性（永遠性）を感得しようとする。では頼住［2014］を参考に、道元の時間論をみてみよう。

『正法眼蔵』「有時」には道元独自の時間論が展開されている。巻名の「有時」は通常「時有りて／有（或）る時」と読むが、道元はこれを冒頭で「いわゆる有時は、時すでに有なり、有はみな時なり」と独自の読みを提示し、まず自己の立場を鮮明にする。

この場合の「有」は「存在」を意味するので、「有時」は「存在と時間」を扱った巻と言える。必然的にハイデガーの『存在と時間』に比せられ、両者を比較した研究も存在する。それはともかく、道元は時間を存在として切り離し、抽象的に論ずることを排除する。この提示に続き、道元はこう言う。

一丈六尺の仏の金身《こんじん》は時間であり、時間であるからその時の〔金身の〕荘厳も光明もある。〔これを〕今の十二時〔という常識的な時間のあり方〕から学び、修得すべきである。（中略）

仏法に親しんでいない凡夫であったときに持っていた考え方では、有時という言葉を聞いて、あるときには三つの頭と八つの腕〔を持つ不動明王〕になり、またあるときは、一丈六尺〔の金色の仏身〕になったと考える。たとえば河を過ぎ、山を過ぎたようなものだ。今やその山や河はどこかにあるだろうが、自分はそれらを過ぎて、玉で飾られた朱塗りの宮殿にいるのだから、山河と私とは天と地ほど隔たったものと思ってしまう。だが、これだけが道理ではない。ここで言う山に登り河を渡ったときに「自己」があった。自己に時があるのである。自己はすでにあるのだから、時もすでにある。

ここで大事なのは「自己」の存在だ。さまざまな存在や時間は自己を離れてありえず、自己の認識を前提として存在と時間がある。まずは、自己と時間の問題を考えてみよう。

時間の感覚は、人によって違う。同じことをしても、Aにとっての一時間とBにとっての一時間とでは感じ方が異なる。また同じAにとっての一時間も、嫌なことをするときと好きなことをするときでは、時間の感じ方は違う。こうして時間は自己によってさまざまに意味づけられ、自己を離れた抽象的、観念的な時間は存在しない。では、自己と存在との関係はどうか。さらに「有時」の記述をみてみよう。

自己を配列しておいて、「全世界（尽界）」とする。この全世界のそれぞれの事物事象を時々であると見なすべきである。事物事象が互いに妨げあわないのは、時と時が妨げあわないのと同じである。だからこそ、〔世界の事物事象が〕同時に発心することがある。それは同じ心が起きている時である。修行と成道も同じだ。自己が自己を配列してそれを見るのである。自己が時であるという道理はこのようなものである。

このような道理であるからこそ、全世界に万象（存在）や百草があって、しかも一つの草一つの象のそれぞれが全世界であるということを学ぶがよい。（中略）時のそれぞれに、全存在・全世界がある。とりあえず、今この時から外れた全存在・全世界があるかないか、よくよく考えてみよ。

時間と同様に存在も自己によって初めて存在し、自己なしに存在は存在しない。存在の認識は「～でない」と一対で行われる。つまり、「花」は全存在から「花でないもの」を〝分ける（区別する）〟ことで成立する。それが「花が〝分かる〟」こと、つまり花の認識となる。他の存在の認識も同様。

こうして本来、一切の縁起（空）的存在は自己によって分別（概念化）され、分別された事物事象が自己によって独自に配列され意味づけられるので、「存在は自己である」と言われる。このような自己の関係づけ（配列）なしに存在は存在しえない。木村［2015］は道元がここで主張する論点を、つぎの三点にまとめる。

①時間と存在はまったく一つである。存在するものは、時間としてその全体を顕示する。あらゆるものは、全時間を抱え込んで立ち現れる
②時間的には、過去も未来も今に繋がり、今と一如である
③そのような時間とは、実は自己の実現態である。それゆえに、時間の様態を観ずるということは、配列された自己の姿を自己が知見することになる。逆に言えば、一木一草も自己が実現された時間的存在であり、その一々の時間には主体的な全世界が凝縮されている。道元は後文で「全世界（尽界）にある全存在（尽有）は、連なりながら個々別々（時々）である」と表現している

③は唯識的である。唯識は大乗仏教時代に誕生した思想で、外的な存在を識（心）の投影とみなし、あるのは「唯だ識のみ」だと言う。それは内的な識が外的な存在を〝物質的に〟産出したと言うのでなく、我々に見えている物質的存在の像は心が産出したものと考える。同じリンゴを見ても、見る人にとってリンゴの「赤さ」は同じでない、つまり「人の心を離れた普遍的な赤さは存在しない」と考えるのが唯識なのである。

而今：永遠の今

道元の時間論を考える上で重要な「而今《にこん》」についてみていこう。これは「現在の一瞬」を意味する言葉であり、さきほど木村が整理した論点で言えば、とくに②と関連する。では「有時」で、その実際の用例を確認しよう。

時がもし去来の姿をとらない（時が流れない）のであれば、山に登った時は有時の「而今」である。時がもし去来の姿を保ち続ける（時が流れる）なら、自己には有時の「而今」があるのだから、これが有時〔の而今〕である。

道元によれば、時を流れるとみるかどうかに関係なく、有時（自己存在と一体化した時）としての時は而今であると言う。頼住［2014］はこの而今の重要性をこう説明する。

現在のこの一瞬（而今）は、自己によって把捉されることで成り立つが、この把捉点としての有時は、一定の方向へと流れる時間を超出したという意味において、非連続的なものである。そしてこの而今とは「空」を体得し、世界を現成させるその「一瞬」である。この瞬間は「空」という無時間に立脚した時である。宗教哲学的な用語を使うなら、「永遠の今」と言うこともできる。
「空」とは自己の根源であるという意味で本来的自己でもある。本来的自己への還帰は、自らの本来性の自覚でもある。この意味で、「而今」とは「空（本来的自己）」を自覚的に把持する、その自覚点である。この意味で、道元の時間論は、自覚的であり、主体的なものである（取意）。

頼住の指摘するように、今（而今）は、過去と未来にも繫がりうる今であるから、「永遠の今」と呼ぶにふさわしい。ではいかにして、而今が過去と未来に繫がり、「永遠の今」となるのか。道元が時の連続性をどう考えたかをみてみよう。

その山に登り河を渡る時は、この玉殿朱楼の時を呑み込み、また吐き出している。三頭と八腕〔を持つ不動明王〕は昨日の時である。丈六八尺〔の金色の仏身〕は今日の時である。そうではあるが、その場合の「昨日／今日」は、ただ山の中に直入して千峰や万峰を見渡す時節ということであって、それは過去のものではない。三頭と八腕〔を持つ不動明王〕もすなわち「我が有時」であり、一巡りする。遠くにあるようだが、「而今」である。丈六八尺〔の金色の仏身〕もすなわち「我が有時」であり、一巡りする。遠くにあるようだが、「而今」である。

冒頭の譬喩だが、「山に登る／河を渡る」は修行、「玉殿朱楼」は悟りを暗示している。「修行が悟りを吐き出す」とは、過去の修行が現在の悟りを産出し、「修行が悟りを呑み込む」とは、過去の修行が現在の悟りを吸収することを意味する。つまり両者は一如であり、道元の修行論の核となる修証一等を表現している。

同様に、不動明王となった昨日と、金色の仏身となった今日とは別物ではなく、我が有時（自己存在と一体化した時）としての「而今」を介して両者は繋がる。この繋がりを説明するため、道元は「山の中に直入して（一番高い山から）千峰や万峰を見渡す」という譬喩を用いる。自分の立っている山が「而今」、そしてそこから見える千の峰や万の峰が過去の経験のすべて（そして、未来の経験のすべて）を象徴する。こうして、過去と未来の峰々はすべて而今（見渡すその瞬間）の自己と関係づけられ配列され、而今に収斂されていく。だから「永遠の今」と呼ばれる。

以上は伝統的な『正法眼蔵』の解釈だが、「永遠の今」のように「今」に過剰な価値を置くことは、道元の時間論をかえって誤る可能性がある、とする指摘も一方で存在する（石井［2015］）。

而今の山水：時間と空間

では、その而今（時間）と一如である山水（空間）とは。参考にするのは『正法眼蔵』「山水経」、および「渓声山色《けいせいさんしょく》」だが、まずは「山水経」の冒頭部分を紹介する。

今、現在（而今）〔見ている〕山水は、古仏の道（生き方）が実現したものである。

〔山水も自己も〕ともにあるべき位置にあって、究極の功徳を成就している。〔その事実は〕この世界がまったく存在しなかった時代（空劫）以前からの〔根源的な〕あり方であるから、今、現在（而今）の活動の姿なのである。まだ物が始まる兆しが現れる前の〔本来の〕自己であるから、〔一切を〕超越して実現している。

今、見ている山や水は、古仏（仏や祖師）の生き方（仏法）が真実の姿を現したもの、つまりそれ自身がそのまま真理の現れで、さらにそれは本来的な自己の現成であると言う。その生き方は空劫以前という無限の過去に直通し、而今（現在）の生き方に直結している。自己の外に山を見るのではなく、山と自己との間に何の隙間もなく一体であることに落ち着くと、山の功徳が自己の生き方と一つになる（水野［2006］）。

では、自己と対象（山）とが一体になるとどうなるのか。道元は大陽道楷の「青山常《せいざんじょう》運歩《うんぽ》（青山は常に運歩す）」を引用し、我々の常識では山は不動と思っているが、実は常に歩いていると言う。だが、自己と山との間に何の隙間もなく一体であることに徹すれば、自己が刻一刻と変化しているように山も常に変化（運歩）していることになる。

そしてこの後、道元は「山の運歩を疑う人は自己の運歩を知らない。自己の運歩は

〔誰にでもあるから〕ないわけではなく、自己の運歩〔の真実〕がまだ知られておらず、〔それを〕明らかにしていない〔だけな〕のである。自己の運歩を知るような人は、まさに青山の運歩も知ることができる」と言う。

つぎに「渓声山色」をみていこう。ここでは巻名のもとになった詩が引用される。

渓声便是広長舌（谷川の音はすなわち〔仏の〕説法）
山色無非清浄身（山の色は〔仏の〕清浄な身体）
夜来八万四千偈（夜通し〔響く〕八万四千の〔仏の〕偈は）
他日如何挙似人（他日、如何にして人に示すことができようか）

これは宋代の詩人の蘇東坡《そとうば》が廬山に行ったさい、谷川の水が夜間に流れる音を聞いて悟道したときに作った偈である。これを常総禅師に捧げると、禅師は蘇東坡が悟ったことを認めた。自己と対象との間に隙間がなくなり、自己と対象とが一体一如になるとき、谷川の音は仏の説法として真理を現成し、山の姿は清浄な仏の身体として真理を現成する。続いて道元は、つぎのように言う。

山水に隠されている〔仏の〕声や姿があって〔それに気づかないことは〕残念に思うべきである。また、〔仏の声や姿が〕山水に現れる時節因縁のあることを喜ぶべきである。〔渓声の〕説法（広長舌）は止むことがなく、〔山色という仏の〕姿はあったりなかったりすることはない。

本来的に山は仏の姿の現れであり、谷川の水音は仏の説法であるとしても、修行しなければ、その山水と一体化した本来的な自己は現成しない。巻末で道元はこう述べる。

正しく修行するときには、谷川の音も谷川の姿も、山の姿も山の音もみな、〔仏の〕八万四千の偈を惜しまない。自己が〔自分の〕名利や〔自分の〕身心を惜しまなければ、谷川も山もそのように〔真理の現成を〕惜しまないのである。

「正しく修行する」とは只管打坐であり、その只管打坐を継続（行持）すれば、自己と山水とは一体化し、谷川の音は仏の説法、山の姿は仏の身体となって本来の姿を現す。

ここにおいて身心脱落し、本来の自己の面目が山水として現成する。

特殊から普遍へ

では、道元仏教の特徴を「特殊と普遍」という観点からまとめておく。ここでみたように、道元仏教は「今／此処」という特殊な時間と空間から出発し、今（而今）を起点にして無限の過去と無窮の未来へと繫がっていく。

まずは時間から。「而今」とは無限の過去における「無限の今」が無限に積み重なった結果としてあり、また将来的にはこの「而今」を無限に積み上げることで無限の未来に繫がる「而今」である。ただし、「特殊な今」を「永遠の今」に変えるのは正しく修行すること（只管打坐）、およびその継続（行持）であることを忘れてはならない。

我々は過去にも未来にも生きられない。生きられるのは「今」のみ。初期経典の『中部』には「過去を追うな。未来を願うな。過去はすでに過ぎ去り、未来は未だ来ていない。今、なすべきことのみを熱心になせ」とあるが、これは道元仏教にも通じる考え方であろう。道元の修行論の特徴は修証一等であった。坐禅するという現在の行の結果として未来に悟りがあるのではなく、本来的に仏であるから、まさに今、坐禅しなければならないと道元は説く。こうして悟りの瞬間も未来から現在に移動する。

続いて空間の問題。法然仏教の特徴は、娑婆世界と極楽浄土との厳密な二元論にある。法然はこの世とは別に理想の世界（極楽浄土）を想定するが、道元は悟りの世界をどこか遠くには設定せず、この娑婆世界、しかも「娑婆世界のどこか」ではなく、今、自己が立っている〝その現場（ここ）〟こそを悟りの現成する場ととらえる。

道元によれば、一切の世界や存在は縁起（空）という真理に貫かれているから、世界や存在のどこをとらえても、真理が現成していない場所はない。まさに諸法実相（すべての存在はそのまま真実の表れ）。だから、問題は場所ではなく自己のあり方なのである。只管打坐で自己を含めた万法を貫く真理に目覚めれば、その現場こそが悟りの現成する空間となる。「現成公案」の「今、この生きている此処が自己の真実であるということになれば、この行李《あんり》（日常生活）が次々と真実の実現（現成公案）となる」という叙述もこれを裏づける。

こうして道元は「今／此処」という特殊な時空を入口とし、悟りという普遍的な時空を現成しようとする。ただし、何度も言うが、そのためには只管打坐の行を実践し、それを継続（行持）することが必要になる。浄土宗の僧侶である椎尾《しいお》弁匡《べんきょう》は「時はいま

ところ足もと　そのことに　うちこむいのち　永久《とわ》の御命《みいのち》」という歌を詠んでいるが、これは道元仏教にも通底している。

このほかにも、すでに紹介した『正法眼蔵』「現成公案」の有名な一節「仏道をならうとは、自己をならうことである。自己をならうとは、自己を忘れることである。自己を忘れるとは、一切の存在によって悟らされることである」も忘れてはならない。現実的な「自己」という特殊性を入口とし、最後は「一切の存在によって悟らされる」自己という普遍性へと突き抜けていく。

親鸞と道元における普遍化の背景

宗教には特定の民族を対象とする宗教（ユダヤ教や神道）もあれば、人間すべてを対象にする宗教もある。後者は「世界宗教」とも呼ばれる仏教・キリスト教・イスラム教を指す。不特定多数の人間すべてを対象とする以上、そこには〝普遍性〟が求められる。仏教も、ブッダの時代から普遍性を追求してきた。

ここで取り上げた親鸞も道元も例外ではない。しかし、二人とも普遍を普遍として抽象的に追求したのではなく、本章で確認したように、「特殊を入口」として普遍を追求した。ここが二人の共通点だ。

では、親鸞と道元の普遍化の背景には、いかなる思想があったのか。同じ普遍化を追求するのも、親鸞と道元とでは、その普遍性の導き方に大きな違いがみられる。本書は入門書であるから、簡単にその背景を説明しておこう。まずは親鸞から。

親鸞は比叡山で仏教を学んだから、その基礎には天台教学がある。天台教学は『法華経』に基づくので、親鸞も『法華経』から大きな影響を受けたことは想像に難くない。『法華経』の特徴の一つは「方便」思想にある。これは三乗（声聞乗・縁覚《えんがく》乗・菩薩乗）に分裂した当時の仏教を「一（仏）乗」に統合するために考え出された思想だ。

伝統仏教の二乗（声聞乗・縁覚乗）に対抗して大乗仏教が興起し、従来の二乗を否定して菩薩乗を称揚したが、「二乗に〝対〟する菩薩乗」では菩薩乗が〝相対〟に堕してしまう。そこで『法華経』は従来の二乗を否定することなく、方便として位置づけることで、菩薩乗も含めて三乗すべてを「一（仏）乗」に統合した。

「方便」の対義語は「真実」であり、「権（仮）／実」とも置換可能だが、親鸞の著書『教行信証』の第五巻と第六巻は「真仏土」と「方便化身土」であり、ここに「真／方便」の対比がみられる。また『教行信証』の正式名称は『顕浄土真実教行証文類（浄土という真実の教・行・証を顕らかにする文類)』であった。つまり、それまでの仏教は「仮の教え／方便の教え」であり、浄土の教えこそ真実であると主張する親鸞の普遍化思想は、『法華経』の一乗思想の影響を強く受けている。

では、道元はどうか。道元も比叡山で学んだが、彼は『法華経』ではなく『華厳経《けごんきょう》』に大きな影響を受けたと考えられる。そもそも中国の禅思想そのものが『華厳経』に影響を受けていることは先学の指摘するところだ。ただし『華厳経』というよりは、中国人が『華厳経』を解釈して確立した「華厳教学」と言った方が正確であろう。

中国の華厳教学は「法界縁起《ほっかいえんぎ》（「重重無尽縁起《じゅうじゅうむじんえんぎ》」とも言う）」という壮大な世界観を創出した。これは一切の存在が網目状に複雑多義に関係し合い重なり合い、全体が一部を、また一部が全体を含み込むという関係を縁起で説明する。ここから、「一切即一／一即一切」、あるいは「一即多／多即一」という考え方も出てくる。全体が部分を含み、部分が全体を象徴する。道元の「今」という瞬間に永遠を読み取る発想は、華厳教学なくしては出てこなかったであろう。

このように、親鸞と道元は異なった手法を駆使し、普遍化を試みたのである。

第六章　改読と転釈

鎌倉新仏教の祖師たちは、それぞれ個性的で独自の仏教を確立した。しかしその中でも、親鸞と道元はある点で他の祖師たちとは違う独自性を発揮した。従来の聖典解釈を大胆に変更した点だ。この変更には大きく分けて二つがある。一つは聖典の伝統的な読みを逸脱する「改読」、もう一つは伝統的な解釈を覆す「転釈」。この二つにより、親鸞と道元は伝統仏教の中から仏教の新たな価値を創造した。

聖典解釈の歴史

地域性や時代性、それに文化の相違が仏教の多様性を生んだが、多様性の要因はそれだけではない。インド本国で仏教はすでに多様化していた。その要因こそ、聖典解釈の多義性だ。本題に入る前に、まずは仏教における聖典解釈の歴史を本庄［2011］に基づき整理する。本庄は、インド仏教から日本仏教まで、時代と地域は変わっても聖典解釈の原則は変わらず、仏滅後インドで行われた聖典解釈の方法は日本の中世の法然にも継承されていることを論証しているが、その要点は、つぎの一文に集約される。

「宗義に基く、あるいは宗義を立てるための聖典解釈においては、仏説の表面的な文言よりも、解釈者の解釈が優先される」（傍線：平岡）

いかなる宗義も仏説（経典）に典拠を置くのは当然だが、仏説そのものが多種多様で矛盾している状況では、仏説の文言を、解釈する側からの吟味なしにそのまま素直に受け取って最終判断とすることができなくなった。すなわち、仏説にはそのまま受け取るべき文言（了義）と、再解釈を必要とする文言（未了義）があり、それが総体として宗義に繋がっていく。ブッダが生きていれば彼に尋ねればすむが、その道が閉ざされたとき、「どの説がブッダの真意であるか」を、権威ある仏教思想家（たち）が決め、一貫した体系をつくっていかざるをえなかった。

その立論にあたっては、教証（経の教えによる証明）にくわえ、理証（道理による証明）が要求されることになったのも、経に説かれる語の重みが相対的に失われていったことの象徴であり、ブッダの説といえども、個々の経はまず「文字どおりに受け取ってよいか」という問いかけと論理的な吟味なしに読むことは許されなくなる。

たとえば、「一切は皆苦である」と「苦あり、楽あり、その中間あり」という二つの経文が実際に存在する。どちらも経典に説かれているが、内容は矛盾する。このような場合、当時の仏教徒はどちらか一方を採択し、他方を斥けるという態度をとらなかった。なぜなら、彼らは「ブッダは決して無意味なことは言わない」と考えたからだ。

よって、どちらか一方を「文字どおりに受け取ってもよい説（了義）」と考え、他方は「文字どおりに受け取ってはいけない説（未了義）」、すなわち仏が衆生を教化するための「裏の意味（密意）」が隠されていると考えた。どちらを了義として採択するかは部派によって異なり、「密意」の解釈の仕方も異なる（平岡［2018b］）。

キリスト教は聖書の解釈に基づく宗教だが、解釈は放っておくと多義性を帯びて収拾がつかなくなり、宗派の統一を保つことができなくなる。そこで、キリスト教は「公会議」を開き、解釈の正統性を審議した。その結果、数ある解釈の中で「正統説」が一つ選ばれると、他の解釈には「異端」の烙印が押され、排除される。

仏滅後、ブッダの教えもさまざまに解釈され多様化した結果、教団の和合は破られ、複数の部派に分裂した。部派間では激しい教学論争が繰り広げられたが、キリスト教のように仏教界として正統説を一つに絞ることはなかった。これが古代インド以来の仏教の伝統であり、この態度は日本でも踏襲される。日本において法難はたしかに存在したが、異端の仏教を徹底的に排除することはなかったのである（平岡［2021］）。

ともかく、すでにインドで聖典解釈の多義性に基づく仏教の多様化は始まっており、聖典解釈の原則は日本仏教に至るまで変わっていないというのが本庄の結論だ。ここでは、法然のみならず、親鸞と道元にもこの原則が適用できることを確認していこう。

親鸞の改読：阿弥陀仏の絶対肯定

親鸞の改読は有名だ。それは漢文文法の無知に由来するのではなく、「絶対他力の信心／一片の真実もない私」という親鸞自身の大原則（大前提）から出発したとき、それに合わせて従来の伝統的な読みが修正を余儀なくされたことに由来する。ではその一端を紹介しよう。

親鸞の改読には幾つかの型がある。「阿弥陀仏の他力」へと転じて解釈する場合、「自己内省」や「人間観」によって改読される場合、そして自分の思想体系に基づく改読の場合などだ（釈［2010；2011］）。

ここでは、「絶対他力の信心／一片の真実もない私」に基づき、「阿弥陀仏の絶対肯定」と「人間（自己）存在の絶対否定」の二側面から親鸞の改読を紹介する。この改読は恣意的であるから、ここに注目すれば親鸞浄土教の特徴がみえてくる。ではまず阿弥陀仏の絶対肯定から。

①南無阿弥陀仏

まずは称名の「南無阿弥陀仏」の改読。称名念仏そのものの改読であるから、これには親鸞仏教の本質がみごとに現れている。

「南無仏」の起源はブッダの時代に遡る。仏教の入信儀礼は「三宝（仏・法・僧）への帰依」の表明であり、その第一が「南無仏（仏に南無〔帰依・帰命〕する）」だ。帰依する主体は「私」であり、「私が仏に帰依する」というのが伝統的な理解。この発展型が「南無阿弥陀仏（〔私は〕阿弥陀仏に帰依します）」だが、親鸞はここに「自力」をみいだし改読する。つまり「私が南無（帰命）する」のではなく、「阿弥陀仏が衆生に南無（帰命）せよ」と命じていると理解する。

親鸞は『教行信証』「行巻」で「帰命は本願招喚の勅命なり」と説明、これを阿弥陀仏の勅命として受け取り、その勅命に応じて我々が阿弥陀仏に南無（帰命）することと解釈する。あくまで最初の働きかけは仏の側からなされ、それに応じて衆生はその名を称える。通常の読みにしたがえば、「南無阿弥陀仏」は命令文にはならないが、絶対他力の立場から「南無阿弥陀仏」を理解すれば、命令文になってしまう。

②回向

『無量寿経』の本願成就文の漢文は「諸有衆生聞其名号信心歓喜、乃至一念至心廻向願生彼国即得往生住不退転」であり、通常これは「諸有の衆生、其の名号を聞きて信心歓喜し、乃至一念せん。至心に廻向し、彼の国に生ぜんと願ずれば、即ち往生を得て不退転に住せん」と書き下される。これにしたがえば、至心に〔善根を〕回向するのは「衆生」となり、そこに自力が立ち現れるので、親鸞はこれを『教行信証』「信巻」でこう改読する。

諸有の衆生、其の名号を聞きて信心歓喜せんこと、乃至一念せん。至心に廻向したまえり。彼の国に生ぜんと願ずれば、即ち往生を得て不退転に住せん。

このように、親鸞は回向する主体を「衆生」ではなく「阿弥陀仏」とする。「したまえり」という敬語の使用が、主語の入れ替わりを如実に物語る。『無量寿経』の漢訳異本に『大宝積経《だいほうしゃくきょう》』「無量寿如来会」があり、そこにはつぎのような文がみられる。原文とその通常の書き下しは、以下のとおり。

聞無量寿如来名号。乃至能発一念浄信歓喜愛楽。所有善根迴向願生無量寿国者。随願皆生得不退転。乃至無上正等菩提（無量寿如来の名号を聞きて、乃至能く一念の浄信を発し、歓喜愛楽して所有せる善根迴向して無量寿国に生ぜんと願ずる者は、願に随って皆生じ、不退転乃至無上正等菩提を得）

これでは回向の主語が「衆生」となるので、親鸞は傍線部を「〔弥陀仏が衆生を〕歓喜せしめ、〔阿弥陀仏が衆生に〕善根廻向したまえるを〔衆生は〕愛楽して」と改読し、徹底的に自力的要素を排除する。

③『浄土論註』

また親鸞は経典のみならず、論書の文も改読する。たとえば、曇鸞の『浄土論註』には「作願共往生彼阿弥陀如来安楽浄土」とあり、普通に読めば「〔衆生が〕願を作《な》し、共に彼の阿弥陀如来の安楽浄土に往生せん」となるが、これも願を作したり往生したりする主語は「衆生」となるので、「〔阿弥陀仏は〕願を作し、〔衆生を〕共に彼の阿弥陀如来の安楽浄土に往生せしめたまえるなり」と改読する。

さらに、原文「剋念願生亦得往生即入正定聚」は通常「剋念して生ぜんと願わば、亦た往生を得て、即ち正定聚に入る」と読む。これにしたがえば、正定聚に入るのは死後に往生を果たしてからになるが、親鸞は信心を獲得した時点で正定聚に入ると解釈するので、これを「剋念して生ぜんと願ぜん者と、亦た往生を得る者（他力の信を得ている者）とは、即ち正定聚に入る」と改読する。

これらはほんの一例であり、阿弥陀仏の他力を絶対的に肯定する立場から、自力臭を徹底的に排除する改読を試みる。

親鸞の改読：人間存在の絶対否定

ここでは、さきほどの「阿弥陀仏の絶対肯定」と表裏の関係にある「人間（自己）存在の絶対否定」に基づく改読を紹介しよう。その典型は三心（至誠心・深心・回向発願心）の最初に位置する「至誠心」の解釈だ。善導は浄土往生に三心が必要と考え、その中の至誠心を『観経疏』「散善義」で、こう解釈する。

至誠心と云うは、至は真なり。誠は実なり。一切衆生の身・口・意業に修するところの解行《げぎょう》、必ずすべからく真実心の中になすべきことを明かさんと欲す。外に賢善精進の相を現じ、内に虚仮を懐くことを得ざれ（不得外現賢善精進之相内懐虚仮）。

だが末世の凡夫が、このような真実心を起こすことは不可能だ。内と外が違うからこそ凡夫である。そこでまず、法然がこれをどう解釈するのか『選択集』でみてみよう。

至誠心とは、真実の心である。その具体的な様相は、かの文章（善導の書）のとおりである。ただし「外面は賢く善良で精進している姿を示し、内には虚仮を抱く」について、「外」は「内」にたいする言葉である。つまり、〔修行者の〕外面〔の姿〕と内面〔の心〕とがズレている、という意味である。（中略）もし、外面〔の長所〕を翻して内面に蓄積するならば、まさしく解脱への要件を具備できよう。（中略）もし、内面〔の短所〕を翻して外面に放つならば、また解脱の要件を充足できるだろう。

内と外とのズレが不真実心なら、そのズレを修正すれば真実心になるが、その修正の仕方は二つしかない。一つは「外を翻して内に蓄える（内心を外面に一致させる）」方法で、これが善導の主張だ。内心の虚仮を転じて賢善精進の心にすればよい。そうすれば内と外は一致するが、凡夫にはきわめて難しい。もう一つは「内を翻して外に施す（外相を内心に一致させる）」方法、つまり内も外も虚仮で統一することだ。

虚仮である自分を偽らず、また自分を飾らず、ありのままの自分をさらけ出すことで外相と内心を一致させ、それをもって真実心となす（この至誠心釈については、「外相はともかく、内心が真実であることが重要」とする解釈もある）。

では親鸞はこれをどう解釈したのか。その改読は『愚禿鈔』にみられ、「外に賢善精進の相を現すことを得ざれ、内に虚仮を懐けばなり」と読む。「内が偽りだらけであるから、外面を取り繕ってはならない」というのが親鸞の立場だ。

もう一つ、善導の『観経疏』「玄義分」の改読を紹介しよう。以下、その原文は「道俗時衆等各発無上心。生死甚難厭仏法復難欣」であり、通常は「道俗時衆等、各々無上心を発せ。生死は甚だ厭い難く、仏法は復た欣《ねが》い難し」と読む。しかし、親鸞はこれを、「道俗時衆等、各々無上心を発せども、生死は甚だ厭い難く、仏法は復た欣い難し」と改読し、菩提心を発しても、生死を繰り返す輪廻は離れがたく、仏法を喜ぶ気持ちにもなれないと親鸞は嘆息する。人間の側には一片の真実もないという自力放棄の姿勢がみごとに現れている改読である。

親鸞の転釈

つぎに、伝統的な解釈を超え、従来とは違った転釈をした用例を紹介しよう。まずは三心の解釈から。

①三心

善導は三心を往生の要件と見なしたので、後の浄土教家もこれを無視しては新たな浄土教を打ち立てられなかった。専修念仏を目指した法然は、善導が往生の要件とする「三心＋念仏」を念仏の一行に収斂させなければならなかったが、法然は「念仏すれば三心は自ずと具足する」と解釈し、念仏に三心を吸収した。

では、親鸞はどうか。親鸞仏教の要は「信心」なので、三心は一心に吸収され、またその一心は信心と見なされるが、これについてはすでに説明したので、ここでは少し違った観点から親鸞の解釈の特異性を指摘しておこう。

まず親鸞は『観無量寿経』所説の三心を世親の『浄土論』所説の「一心」と同一視した。『観無量寿経』は漢訳とウイグル語訳が存在するのみで、インド原典もチベット訳も現存しないことから、その成立に関しては中央アジア撰述説や中国撰述説などがあり、決着をみていないが、少なくともインド撰述ではないというのが大方の見方だ。

とすれば、インドの世親が『観無量寿経』を知っていた可能性はきわめて低く、ましてや世親が三心を一心として理解したことは歴史的にはなかったと推察される。しかし、親鸞はそう解釈し、それに基づいて新たな仏教を樹立した。このように、解釈はあくまで解釈であり、必ずしも歴史的事実に基づいてなされるわけではない（後述）。

ではその信心について、さらなる親鸞の転釈を紹介する。浄土教では徹底した自己否定の一環として「懺悔」が重要な意味を持つ。すでに紹介したが、とくに善導において、懺悔は徹底していた。その用例を示そう。善導は『往生礼讃』でつぎのような三品の懺悔を想定する。

懺悔に三品あり。上中下なり。上品の懺悔とは、身の毛孔の中より血流れ、眼の中より血出づるをば上品の懺悔と名づく。中品の懺悔とは、遍身に熱き汗、毛孔より出て、眼の中より血流るる者をば中品の懺悔と名づく。下品の懺悔とは、遍身徹りて熱く、眼の中より涙出づる者をば下品の懺悔と名づく。（中略）流涙流血に能わずと雖も唯だ能く真心徹到する者は、即ち上と同じ。

これは想像を絶する懺悔であるが、その最後で「涙を流したり血を流したりしなくても、真心徹到する者はこの三種の懺悔に等しい」とする。だが、凡夫に「真心が徹到する」ような懺悔は不可能だ。この善導の「三品の懺悔」は『教行信証』「化身土巻」にも引用されているが、『浄土高僧和讃』には、「真心徹到する人は　金剛心なりければ　三品の懺悔する人と　ひとしと宗師（善導）はのたまえり」という和讃がみられる。

これは善導の『往生礼讃』を前提とした和讃だが、ここでは「真心徹到」が「金剛心」と見なされている。ではこの金剛心とは何か。『教行信証』で金剛心とは、信心を意味する。『教行信証』「信巻」をみてみよう。

これらの三心は、すでに述べたように、疑いが混じっていないから真実の一心なのである。これを金剛の真心と言う。この金剛の真心を真実の信心と言う。

この解釈にしたがえば、真心徹到の「真心」は「真実の信心」であり、それは衆生の側が発すものではなく、阿弥陀仏より回向されたもの、すなわち「如来より賜りたる信心」である。これを前提に『浄土高僧和讃』を解釈すれば、真心徹到とは、「（阿弥陀仏の信心が私の）髄に到り徹る（左訓）」、つまり「私を貫き通す」ことを意味する。こうして、懺悔を可能にするのも「信心」となる。

煩悩ゆえに懺悔することは困難だが、できたとしても、それは自らの努力によるのではなく、阿弥陀仏から賜った信心によると考えるのが親鸞仏教の特徴である。

②二河白道

二河白道《にがびゃくどう》とは善導が考案した譬喩だ。ある人が西に向かって進んでいると、突然、二つの河が現れる。南に火の河、北に水の河。両方とも広くて深い。その水火の河の中間に、幅は四、五寸ばかりの一本の白道があった。東の岸から西の岸まで長さは一〇〇歩。水の河は高くうねって白道を濡らし、火の河は火炎を上げて道を焼く。

水火は交互に波と焔を上げ、止むことがない。彼が西に進もうとして少し行くと（『観経疏』「散善義」原文：一分二分するに）、後ろには群賊らが戻ってくるようにと叫び、彼を殺そうと追いかけてくる。進むも地獄、戻るも地獄という窮地に追いやられた彼は、意を決してその白道を進むことを選択。その瞬間、東岸（此岸）から「行け」と言うブッダの声（発遣の釈迦）、西岸（彼岸）からは阿弥陀仏の「来い」の声（来迎の弥陀）を聞く。この二人の声に励まされ、彼は無事に白道を歩ききり、西岸にたどり着く。

このうち、傍線で示した部分「一分二分」は『愚禿鈔』によれば、「年歳時節に喩えうるなり」と解釈し、「念仏の暮らしが始まって年を追うごとに」という意味になる。

これによれば、念仏は年とともに信心を増大させるだけでなく、信心への疑いや不信すら呼び起こし、念仏の継続を難しくさせること、また群賊は「別解・別行・異見・異執・悪見・邪心・定散自力の心」、すなわち自分自身の煩悩と解釈されるので、白道を進むことへの躊躇いを表している（阿満［2011］）。

とすれば、これは、白道を歩むしか道はないのに、煩悩のせいで年齢を重ねても信心にたいする迷いを払拭できない親鸞自身の心の揺れを反映した解釈とも考えられる。『歎異抄』で見たように、念仏を称えても、躍り上がるような喜びもなければ、急いで浄土に往生したいという心もおこらない唯円に共感した親鸞の姿が、ここでも確認できよう。親鸞はどこまでも自分に正直であり、自らの心に偽ることがない。

道元の改読

親鸞に劣らず、道元も随所で伝統的な読みを自らの修行体験に基づいて改読し、斬新な解釈を展開する。「悉有仏性」の転釈はすでに説明したので、ここでは『正法眼蔵』「諸悪莫作《しょあくまくさ》」から、「七仏通誡偈《しちぶつつうかいげ》」にたいする道元の改読を紹介する。

仏教の伝説は、ブッダ以前に六人の仏（過去仏）が誕生し、七人目にブッダが誕生したと説く。そしてブッダを含む七人の仏が共通して誡めとした偈文が「七仏通誡偈」とされる。これにはインド原典が存在するが、その訳を示すと、「悪を為さないこと、善を実践すること、自己の心を調御すること、これが諸仏の教えである」となる。そしてこれが中国にもたらされると、つぎのように漢訳される。

諸悪莫作　衆善奉行　自浄其意　是諸仏教
諸悪は作す莫《なか》れ　衆善は奉行すべし　自らその心を浄めよ　是れ諸仏の教えなり

これが通常の読みであり、インド原典では平叙文だった前三句は漢訳では命令文として読まれてきたが、いずれにせよ両者に大きな違いはない。しかし、道元は大胆な改読を試みる。ここでは、四句のうち、諸悪莫作と衆善奉行の解釈のみを紹介しよう。この二句の解釈をみれば、道元仏教の特徴が充分につかめる。そして最後に、『正法眼蔵』「仏教」から「到彼岸」の改読を紹介する。

①諸悪莫作

道元はこれを「諸悪は莫作なり」と読む。ではその意味内容を探ってみよう。

まずは「諸悪」から。仏教では善悪に関して「善／悪／無記（善でも悪でもないもの）」の三つに分類するが、いずれも実体があるのではないと説く。「縁起・無自性・空」という仏教の真理からすれば当然の解釈である。時代や地域によって善悪の内容が変わることは経験で知っている。戦時には殺人さえ善とされるからだ。つまり善悪は相対的であり、絶対的な善悪はないということになる。

世間的（相対的）な我々の世界からみれば、善悪の区別は存在するが、出世間的（絶対的）な真理の世界では善悪を超越した平等な次元が存在する。本覚思想を論じたところでも指摘したように、相対立する概念（生死と涅槃・煩悩と菩提・現象と本質など）の「相即／不二／一如」が説かれるので、善悪も相即して一味平等となる。

そして修行をしていると、「諸悪莫作（諸悪は作す莫れ）」という声が聞こえてくる（この場合の「諸悪」は世間的（相対的）な世界における「善悪」の「悪」であり、それを禁止するという通常の理解による「諸悪莫作」）。この声は無上菩提（悟り）の言葉であり、その言葉は悟りそのものであるから、それを聞いた者は凡夫の状態から転換され、「諸悪莫作」を願い、「諸悪莫作」を実践していく。

こうして、諸悪がもはや作られなくなっていく（諸悪は莫作なり）ところに、修行の力（真理の側からの作用）が現成してくると道元は考える。逆から言えば、修行の力が現成すれば、自ずと諸悪は作られない状態になるのだ。

ここまでくると、諸悪莫作の方向性がみえてくる。つまりこれは、真理（悟り）の側から衆生（迷い）の側への働きかけとして語られており、本来的な真理の次元で諸悪は「莫作」、すなわち「非存在」として提示される。換言すれば、本来的な真理の次元においては、悪そのものが存在しないという意味になろう。この方向性を意識しておかないと、この道元の解釈は理解不能となる。とすれば、さらに進んで、この「莫作」は「諸悪」から独立して、高次の意味を付与されることになる。

道元はこの巻で「諸悪は莫作にあらず、莫作なるのみなり」という難解な表現をする。この文は多様に解釈されるが、頼住［2011］は「〔諸悪ぬきの〕「莫作」そのものがあるだけなのだ」という意味に解釈する。つまりここで、「莫作」をめぐる議論の位相が変わったと理解するのである。「莫作」という言葉がさらに深められ、諸悪のみならず、あらゆる存在のあり方を明らかにする言葉になったと頼住は指摘する。

道元はさきほどの表現に続き、「春松（以下、秋菊・諸仏・自己などが同じ表現で語られる）は無にあらず、有にあらず、つくられざる（莫作）なり」と言う。つまり、春松・秋菊・諸仏・自己など、一切の存在が有無を超えた無分別（莫作）なるものであり、それゆえに、現象している一切の個別の存在それぞれは実相の表れという意味で、すべて等価であることを意味する。

「諸悪」を入口として「莫作」を語りながら、その出口では、「諸悪」という限定を超え、一切の存在を存在せしめている「莫作」を語っている。とすると、この「莫作」は「無為（永遠絶対の真実・真理）」と同等の概念を有していることになる。

②衆善奉行

さきに「諸悪莫作」が真理（悟り）の側から衆生（迷い）の側への働きかけとして語られていたことを指摘したが、この「衆善奉行」は逆に自己を起点とし、その自己が本来的な真理（悟り）へと超出していくという方向性を持つ。「諸悪莫作」と「衆善奉行」は同一の事態をどちらから見るかの違いしかない。よって、「諸悪莫作」である「証」と「衆善奉行」である「修」は「修証一等」なのである（頼住［2011］）。

では衆善奉行のうち、「衆善」の説明から始めよう。道元は客観的議論の対象として「仏性」を措定することを避けたことはすでにみたが、これと同様に、善についても、修行者を離れ、修行者を待ち受けているようなものとしては理解しない。善をなした、まさにその瞬間、衆善が現成すると説く。換言すれば、善は先験的に存在しているのではなく、修行（奉行）という行為を通してしか存在しないことになる。

道元は「いずれのところの現成、いずれの時の現成も、かならず奉行なり。この奉行にかならず衆善の現成あり」と説く。いつでもどこでも修行（奉行）すれば、必ず真実の時空が現成し、そこに衆善も現成すると言う。「諸悪莫作」は「諸悪は作す莫れ」ではなく「諸悪は莫作なり」と解釈されたように、「衆善奉行」も「衆善は奉行すべし」ではなく、「衆善は奉行なり」（衆善は修行で現成する）と道元は解釈する。

ここで重要なのは、個人の修する一善がそのまま絶対的な善になっているという点だ。ここにも「一切即一／一即一切」の論理がみられるが、「修証一等」の立場からすれば、個人の修行という個別な行為によって現成する善は絶対的な善であり、相対的にみえる「一善」も、じつは絶対的な善の顕現ということになるのである。

これについて、南［2008］は「教えにしたがって修行している者が、当然為すことが

「善」で、教えにしたがう限り自然に為さなくなることが「悪」なのだと、説くのである。つまり、修行者の善悪はまさに修行において決まる」と端的に説明している。

③到彼岸

伝統的な仏教の実践道は「八正道（正見《しょうけん》・正思《しょうし》・正語《しょうご》・正業《しょうごう》・正命《しょうみょう》・正精進《しょうしょうじん》・正念《しょうねん》・正定《しょうじょう》）」だが、大乗仏教になると、これに代わって「六波羅蜜（布施・持戒・忍辱・精進・禅定・智慧）」が考案された。

この「波羅蜜」はインド語の「パーラミター」を音訳したものであり、その語源については異なる二つの解釈が存在する。一つは「最上・最高」を意味する「パラマ」の女性形が「パラミー」であり、これに抽象名詞を意味する「ター」が付されて「パーラミター」ができるので、その意味内容は「成就・完成・最高」となる。

もう一つは「彼岸に（パラム）到った（イ）状態（イタ）」と解釈するもので、これによれば「到彼岸」と漢訳される。このうち、道元は後者の「到彼岸」を「彼岸到」と改読し、『正法眼蔵』「仏教」において新たな解釈を試みる。

波羅蜜というのは彼岸到である。彼岸には、そこへ往来する性質も跡形もないけれど、到ることが現成する。到ることは公案（参究すべき真実）である。しかし、修行によって彼岸に到ると思ってはならない。彼岸に修行があるから、修行すれば彼岸が到るのである。この修行は、必ず全世界が〔修行者に〕現成するという力量をそなえているからだ。

道元は修行を我々の側ではなく彼岸の側からとらえ、「私が修行して彼岸に到る」という常識を覆し、「〔彼岸の側からの〕修行の働きかけによって、私に彼岸が到来する」と解釈するが、その意義については終章で考える。

道元の転釈

道元の転釈の事例を石井［2016］に基づき紹介しよう。ここで取り上げるのは経典ではなく、公案の解釈だ。石井によれば、道元は師の如浄から正伝された仏法として「身心脱落」や「只管打坐」を標榜したが、それは中国禅思想史の中に位置づけられない特徴を含んでいた。では公案にたいする伝統的な解釈を、道元はどう独自に解釈したのか。

話題にするのは「磨塼作鏡《ませんさきょう》」の話である。

①公案の内容

これは、南嶽懐譲《なんがくえじょう》（六七七～七四四）と弟子の馬祖道一《ばそどういつ》（七〇九～七八八）との間に交わされた坐禅修行の心構えについての話だ。まずはその会話を紹介しよう。

馬祖は南嶽のもとでいつも坐禅をしていた。それを見て、南嶽は尋ねた。

南嶽「そなたは、坐禅して何をなさろうとしているのか」

馬祖「仏になろうとしております」

それを聞いた南嶽は一枚の敷き瓦を取って、石にあてて磨きだした。それを見た馬祖は質問した。

馬祖「敷き瓦を磨いてどうしようというのですか」

南嶽「磨いて鏡にするのだ」

馬祖「敷き瓦を磨いて、どうして鏡にすることができましょうか」

南嶽「敷き瓦を磨いて鏡にならないのなら、どうして坐禅して仏になることができるのかな」

②中国禅における伝統的な解釈

伝統的な解釈に入る前に、その前提を押さえておく必要がある。それは、中国禅には日常生活そのものを仏道修行ととらえる特徴があることだ。これについては、道元が中国の寧波《ねいは》の港に着いた船の中、および中国の天童山での修行のさいの二つの逸話を紹介するのがわかりやすい。後者についてはすでに序章で紹介したので、ここでは前者の内容のみを取り上げる。

道元は日本産の食材を求めて乗船してきた阿育王山《あいくおうざん》の老僧と船中で会話を交わした。食材探しが終わればすぐに寺に帰るという老僧（典座：食事係）を引き留め、自分が招待するから船中に留まるように進言した。しかし、老僧が「明日の午後の供養は私がやらねばならない」と断ると、道元は「食事の用意なら他に誰かいるから、あなた一人がいなくても大丈夫では」と言い、典座のような雑務などせずに、坐禅をしたり古人の語録を読んだりするべきではないかとまで言った。すると、その老僧は「あなたは修行の何たるかがわかっていないし、文字もご存じないようだ」と一笑に付した。

このような逸話は、中国禅において日常生活全般が仏道修行ととらえられていたことを物語っている。坐禅だけが修行ではないというのが中国禅の修行観だが、道元は修行を坐禅に収斂させていく。この違いをふまえ、中国禅の伝統的な解釈と、道元の転釈を比較してみよう。

さきの公案で、南嶽は弟子の馬祖が仏になるために行っていた坐禅にたいし、その意気込みを「敷き瓦を磨いて鏡にしようとする無駄な努力」と批判した。これは坐禅自体を否定しているのではなく、坐禅だけに執着する態度を否定している。坐禅のみにこだわり、坐禅だけを重視すれば、「日々の日常生活全般が修行」という中国禅の伝統を否定することになるので、この公案はそれに警鐘を鳴らす意味があったと考えられる。

③道元の転釈

では、道元はこの伝統的な解釈にどう対峙したのか。道元は『正法眼蔵』「坐禅箴」でこの問答を引用し、新たな解釈を試みる。この問答を引用するにあたり、道元は「馬祖道一は南嶽懐譲に参学していたおりに、（師から）心印（祖師としての認定）をしっかりと受け取って以来、常に坐禅していた」と書き出しているが、まずここに注目してみよう。

ここでは「悟った後の坐禅」について、師の南嶽との間に問答が交わされるという設定になっているが、そのような設定で問答が行われたことを記す資料はまったくない。つまり、このような設定の変更は道元の独創と考えられるが、この変更により、この問答の意味内容はまったく変わってしまう。何がどう変わるのか。まず、設定の変更から考えてみたい。

馬祖が祖師として認定されている（すでに悟っている）という前提に立てば、馬祖の修する坐禅は「仏になるための修行（坐禅）」ではなく、「仏としての修行（坐禅）」となる。だとすれば、南嶽が敷き瓦を磨いたことの意味づけも変わってくる。それは、伝統的な解釈「不可能なこと／無駄な努力」を示すためではなく、馬祖が実践する「仏としての修行（坐禅）」を、別の形で示したことになる。つまり、「瓦として完成した形であっても、それを磨き続けなければならない」ことを意味することになる。

「証修一等」や「行持（修行の継続）」を眼目とする道元仏教では、坐禅は「仏になるための手段としての修行」ではなく、「仏であるがゆえに、仏として継続して行うべき修行」となる。こうして道元は、自らの根本思想に基づき、従来の伝統的な解釈を変更した。道元の立場は「道は無窮なり。悟りてもなお行道すべし」（『随聞記』）なので、「仏になったらすべて完成し、なすべきことはない」とはならない。とすれば、仏は「点」ではなく「線」で理解すべきであろう。

ある時間の一点をもって「成仏」が成就するのではない。「証修一等」は「修＝証」であるから、修しつづけなければ証はない。つまり、修という点の連続（線）が仏であり続けることになり、修を止めれば、証もなくなる。こうして、瓦は磨き続けなければならないことになる。これが「磨塼作鏡」にたいする道元の転釈なのである。

この道元禅の修行の継続を、石井はダイナモライト、つまりダイナモ（たとえば、昔の自転車についていた発電機）を回し続けなければ、ライトは消えてしまうことで説明するが、私は竹原ピストルの歌「きーぷ、うぉーきんぐ!!」（映画『BLUE／ブルー』の主題歌）で説明しよう。その一節に「もはや足跡を残したいわけじゃない。でも足音を鳴らしていたいんだ」とある。足跡を残すのは過去のこと、一方「足音を鳴らしていたい」は「現在という瞬間の継続」だ。道元禅の核心をついた歌詞ではないか。

話を戻そう。角田［2012］は「磨塼作鏡」にたいする道元の転釈を、「これは常識的に考えれば誤釈であるかもしれない。しかし、たとえそうであっても大いなる誤釈ではあるまいか」と指摘する。「誤釈」と卑下する必要はない。本書の理解をふまえれば、これは「誤釈」ではなく、立派な「新（解）釈」だ。その理由をつぎに考えてみよう。

改読と転釈の根拠：宗教経験の重要性

聖典は聖なる典籍ゆえに、勝手な解釈は許されない。しかし一方で、仏教は対機説法を重視するから、時機相応（時代と人間の能力に相応しいこと）の教えを説くことは重要だ。はたして、この矛盾する両者は両立しうるのか。まずは言葉自身の問題から。

ここで重要なのは、「言葉それ自体」と「言葉によって言い表される事物」は同じでないという事実だ。「リ」と「ン」と「ゴ」という音が合体して「リンゴ」という言葉が成立するが、この言葉と、この言葉によって言い表される「赤くて丸い形をした果実そのもの」とは同一ではない。仏教は、言葉それ自体を「能詮」、「言葉で言い表される事物」を「所詮」と言う。

言葉等の一切の表現を超越している真理を、言葉で表現したのが教えである。仏教では真理自体も、それを言葉で表現した教えも「法（ダルマ）」と呼ばれるが、本書では前者を「理法」、後者を「教法」と呼んで区別しておく。言語表現を超越した理法を言葉で表現するので、その表現形式は一様ではない。同一のものを写生する場合でも、見る角度で見え方は違うからだ。同様に理法も時代性や地域性、またその理法を見る人によって教法の表現形式は一様ではない。ここに多様化の一因が存在する。

もう一つの要因は宗教体験だ。仏教はたんなる哲学ではなく、体験（修行）を通して理法との合一を目指すので、身体性がきわめて重要になる。その身体も千差万別であり、全員が同じ修行法で一様に悟ることはない。

古来より出家者の主な務めは「学」と「行」の二つ、つまり経典や先哲の論書を学習し思考し、また修行の実践を通して理法との合一を目指した。理法と合一するには、壮絶な理法との格闘があったと私は推察するが、ともかく学と行とを何度も往還しながら、出家者は自らの思想を錬磨していったのである。

解釈は恣意性を帯びるので、その解釈が理にかなっているかどうかを判定する客観的な指標はない。あるとすれば、結果としてその解釈が歴史の中で生き延び、仏教の最終目的の「苦の滅」に資するかどうかだ。それに資するなら、その改読や解釈は妥当であったと言うべきであり、そうでなければ、歴史の中で消え去っているはずである。

親鸞も道元も、斬新な改読や転釈をおこなった。伝統的な解釈からは逸脱しているが、それが八〇〇年を超える歴史の中で消失せず、今日まで継承されてきたことは、その転釈に妥当性があったことを意味する。過去の解釈を一字一句間違わずに伝承することだけが重要なのではない。

法然は「学問ははじめて見たつるは、きわめて大事なり。師の説を伝え習うはやすきなり」と、学問の独創性（はじめて見たつる）を強調しているが、親鸞も道元も学と行とを往還しながら、形なき理法を〝初めて見たつる教法〟として象《かたど》り、言語化した。

終章　自力と他力――宗教の本質を問う

親鸞と道元の仏教は、「他力vs.自力」という構図で比較されることがよくある。親鸞仏教は阿弥陀仏の絶対他力による救いを、また道元仏教は只管打坐の自力による悟りを目指すというように。親鸞仏教が他力の教えであることは言を俟たないが、道元仏教を単純に自力の教えとみなしてよいだろうか。最後に、親鸞と道元の仏教を総括するにあたり、自力と他力について考えてみたい。これは宗教の本質を探る作業でもある。

ブッダの仏教は自力の教えか

本題に入る前に、まずは仏教の開祖ブッダの仏教を「自力と他力」という視点からみてみよう（平岡［2018a］）。

王子として生まれたブッダは何不自由なく王宮での生活を満喫したが、人生の無常を感じ、妻子を捨てて出家の生活に入った。そして二九歳で出家したブッダは六年間の修行のすえ、三五歳で真理に目覚め、「ブッダ（目覚めた人）」となる。

ここだけみると、ブッダは六年間、自ら独力で修行をし悟ったので、ブッダの仏教は自力の教えと判断したくなるが、単純にそうとは言いきれない。玉城［1995］を参考に、ブッダが悟りを開いたときの定型表現に注目してみよう。パーリ聖典の『自説経』や『律蔵』はともにブッダの成道（初夜〜中夜〜後夜）を描写し、表現の相違点もあるが、共通してつぎのように説く。

（初夜）努力して入定せるバラモン（ブッダ）に諸法が顕現するとき、彼の一切の疑惑は消滅す。因〔果〕を伴う理法を知ったのであるから。（中夜）努力して入定せるバラモンに諸法が顕現するとき、彼の一切の疑惑は消滅す。諸縁の消滅を知ったのであるから。（後夜）努力して入定せるバラモンに諸法が顕現するとき、彼は悪魔の軍勢を粉砕す。太陽が天空を照らすが如く。

傍線部分に注目してほしい。この文の主語は「諸法」であり、ブッダはその諸法が現れる〝器〟として描かれている。能動的な諸法にたいし、ブッダは受動の立場に置かれているのがわかる。ブッダが自力を尽くしたのはたしかだが、最後の最後は「ブッダが諸法を悟る」ではなく、「諸法がブッダに顕現する」と説かれ、法の側の働きかけが強調される。ブッダが自力で努力したからこそ諸法は顕現したが、最後に諸法の側が姿を現さないと悟りは実現しない。

仏と法との関係は、法が主、仏が従である。初期経典『相応部』には、成道直後、誰にも頼らず、誰をも敬わずに生きていくことに虚しさを感じたブッダが、「いざ私は、私が悟った法、この法こそを敬い、重んじ、近づいて時を過ごそう」と呟く場面がある。「諸法がブッダに顕現する」という表現も、これにそって理解できよう。悟りとは「煩悩に支配されている自我が破壊される体験」なので、これを事実に即して正確に表現するなら、どうしても「受身」とならざるをえない。「私」を主語にして能動的に表現すれば、そこに自我が顔を出すからだ。

キリスト教の「召命（calling）」もこれに近い。召命とは「神に呼び出され、選ばれ、救われること」を意味するが、聖職に就くのも、在俗信者として使命を果たすのも、この召命による。人間からすれば、神に〝呼び出される〟のだ。

優れた芸術も、自我意識を離れてはじめて成立する。熟達した演奏家や芸術家に、「私が曲を演奏している／私が作品を創作している」という意識はない。河合［1986］は棟方志功の仕事について、柳宗悦の「棟方の仕事には『作る』という性質より『生れる』という性質の方が濃い」という評価を紹介する。つまり、「棟方が作品を作る」のではなく、「作品が棟方を通して生まれてくる」のである。だから、棟方は「私は自分の仕事には責任を持っていません」と言うが、これは「諸法がブッダに顕現する」と通じる。

なお最近、國分［2017］は能動態でも受動態でもない〝中動態〟に注目し、考察を加えている（かつては能動態と中動態とが対立し、受動態は中動態の持つ意味の一つに過ぎないと國分は言う）。本書では、これについて充分検討する余裕はないが、今後は「自力／他力」の問題を中動態という観点からも考えてみたい。

ともかく、「受身」と「他力」とは必ずしも同じ概念ではないが、ブッダの成道以降、悟りの基盤は最初から他力であった。その意味で、西田［1989］の「元来、自力的宗教というものがあるべきでない」という指摘は、正鵠を射ている。この点を「宗教」という観点から考えてみよう。

宗教とは何か

宗教の定義は多種多様だが、ここでは宗教の本質を突いた西谷［1961］の宗教論を取り上げたい。

西谷は冒頭で「宗教は我々にとって何のためにあるか」という問いは、宗教の本質からいって、問いとして間違っていると言う。問題なさそうな表現だが、ここにこそ宗教の本質が隠されている。この間違った問いを破るには、「我々自身が何のためにあるか」という問いを立てなければならないと西谷は言う。これは「我々自身が〝絶対なるもの（人間を超越したもの）〟にたいして、いかにあるべきか」と言い換えてもよい。

宗教は基本的に〝人間（相対者）〟と〝人間を超えた存在（絶対者）〟との関係を基軸にしている。そして人間を超えた存在との関わりの中で、現実の人間のあり方に何らかの変化が生じる。この変化は「自己の存立基盤の変更」であり、私はこれを「自己の相対化」と表現する。こうして人間の生が根底から更新されることで、人生の根本問題が解決され、人生を有意にとらえ直す地平が開ける。ここに宗教の本質があると認めるなら、さきほどの問題は氷解する。

「宗教は我々にとって何のためにあるか」という問いは、その問い自体がすでに〝自己中心性〟を含んでいる。我々自身を円の中心に置いて宗教を周辺に追いやり、「宗教って何なの。何かいいコトしてくれるの。信じて得するなら信じてもいいけど、そうでないなら信じないよ」という自己中心性を言外に含んだ問いなのである。

だが、宗教は円の中心に自己を超えた存在を置き、それによって自己を相対化する。人間は中心から円周に場所を移さなければならない。だから、「人間を超えた存在にとって、我々の方がどうあるべきか」が問われなければならないのだ。宗教は自己中心的な人間のあり方を否定し、自己を相対化するので、必ず自己変容を伴う。

キリスト教であれば、中心に位置するのは神（あるいは神の子イエス）であり、その神にたいして我々がどうあるべきかが問われる。「もはや私が生きているのではない。キリストが私の内に生きているのだ」（「ガラテヤ人への手紙」二・二〇）というパウロの言葉がこれを端的に示している。

一方、神の存在意義を認めない仏教において、中心に据えるべきは「法（真理）」（この場合の「法」は「法身」としての仏も含まれる。阿弥陀仏は浄土宗学では「報身」とされるが、その本質は「法身」であり、これによって自己を相対化する。仏教の中でも、親鸞仏教を含めた浄土教では阿弥陀仏が中心に坐り、その阿弥陀仏にとって我々がどうあるべきかが問われることになる。つまり、自己変容を伴うのが宗教であり、自己がすべての中心に坐り、したがって自己変容を伴わず、かえって自我が肥大化するようなあり方は、宗教とは正反対なのである。とすれば、「自力」とみなされてきた道元仏教にも他力性が確認されるはずだ。

道元仏教の他力性

では、「他力」という観点から道元仏教を眺めてみよう。意外に思われるかもしれないが、さきほど指摘した視点で道元仏教をみると、他力性が散見される。まずは本書で取り上げた用例からみていこう。

本書の序章で取り上げた「現成公案」の「仏道をならうとは、自己をならうことである。自己をならうとは、自己を忘れることである。自己を忘れるとは、一切の存在によって悟らされることである」のうち、傍線部の受動態に注目する。仏教は我執を離れて無我を目指すので、その我執を象徴する「私」を主語にして究極（理想）の状態は語り得ない。「私」を主語にしたければ、このように「受動態」になるのである。

この用例の少し前には、「自己をはこびて万法を修証するを迷いとす。万法すすみて自己を修証するはさとりなり」という表現もみられる。自力を働かせ自我が主体となって万法を修証しようとするのは迷いであるが、無我に徹しきれば、万法の方が自己を修証するのであり、これが悟りであると言う。ブッダ成道の場面における「諸法が顕現する」と同趣旨である。

つぎは、本書第六章でみた道元の「到彼岸」の改読と転釈。ここでも「修行して私が彼岸に到る」とすれば、そこに「修行する私」という自我が顕在化し、本来的な状態を表現できない。ブッダ自身の悟りでも、最後の最後は「諸法が〔私に〕顕現した」ように、ここでも「修行を通して、彼岸の方が私に到来する」という表現になる。

さらに、『正法眼蔵』「生死」の有名な一節をみてみよう。

この生死はすなわち仏の御いのちである。これを厭い捨てようとするのは、すなわち仏の御いのちを失うことになる。〔生死に〕留まって生死に執着すれば、これも仏のいのちを失い、仏のありようを留めてしまうことになる。〔生死を〕厭うことも慕うこともなければ、このとき初めて仏のこころに入る。（中略）ただ自分の身も心も手放し忘れて、仏の家に投げ入れて、仏の方から行われて、これにしたがっていくとき、力をも入れず、心をも費やさずに、生死を離れ、仏となる。

親鸞の言葉と見まがうほどの表現だ。傍線部分が如実に表しているように、生死に関しては自力を放棄して大いなる仏にすべてを委ね、すべてを任せきり、その導きにしたがっていくとき、力まず、心も消耗せずに生死を離れて仏になると言う。これと同趣旨の表現は『随聞記』にもみられる。

仏道を学ぶ人は吾我《ごが》（自分）のために仏法を学んではいけない。ただ、仏法のために仏法を学ぶべきだ。その秘訣は、自分の身も心も一物残さず放ち捨てて、仏法という大海原に任せ、委ねるのである（六・二）。

ここでは身を委ねる対象が「仏」ではなく「仏法」だが、基本的な考え方は同じであり、傍線部分は『正法眼蔵』と重なる。このように、道元仏教においても、大前提となる基盤は「他力」だ。

吾我の否定と無我

仏教の目指す無我は、煩悩に支配されている自我が破壊されたところに現成する。ここでは、自力の発生源となる自我と、それと表裏の関係にある無我について、道元の見解をみておこう。

仏教では一般に「無我」の反意語は「自我」だが、道元は「吾我」を使う。では、吾我から無我への転換を可能にするのは何か。それは無常を観じることだと道元は言う。『随聞記』には「吾我を離れるには無常を観じること、これが第一の心構えである」と述べているからだ。

諸行無常と諸法無我は三法印あるいは四法印に含まれ、仏教の旗印とも言うべき重要な思想だ。諸行無常（すべては移り変わる）は縁起を時間的側面から、諸法無我（すべての存在には実体がない）は縁起を空間的側面から言い換えた表現である。諸法無我の「我」は「実体」という意味だが、ここでは文字どおり「自己存在」の意味で使われており、その無我は無常を観ずることで体得される。

時間の経過とともに、我々の存在は時々刻々変化する。古い細胞が死に、新たな細胞が生まれることで、我々の身体は変化（新陳代謝）する。にもかかわらず、煩悩のせいで我々は吾我に執着する。その結果、煩悩に駆られた吾我は無意識的に自分自身を実体視し、永遠不滅の存在と錯覚する。

だから、無常を観ずることで吾我への執着を離れ、自己本来の姿である「無我」を体得しなければならない。自己中心的な日常的吾我を否定し、無常という法によって吾我を相対化して無我への転換を図るのだ。さきほど取り上げた円の中心と周囲の喩えで言えば、それまで円の中心に坐っていた吾我は無常という法に中心を明け渡し、自分は円の周囲に場所を移す。

こうして、相対化された吾我は無我として再生し、閉じていた自己から他者に開かれた自己として本来的な相互依存（縁起）の関係性を回復する。そこでは自己と他者とが融通無礙に融合し、本来の全体性を取り戻す。こう考えれば、逆説的だが、中心から周囲に場所を移動し無我を自覚することで、かえって「我」の主体性が発揮される。吾我が徹底的に否定され「無」に徹したところに、真実の「我」が生き生きと働き出す。これが道元の考える「無我」だ。

道元は「〜のために（目的）〜する」という表現を嫌う。「〜のために」は何らかの目的を前提とした功利的（打算的）な表現であり、「宗教とは何か／宗教は何のためにあるのか」と同様に、自己中心性を前提とした表現になるからだ。これでは自己変容（吾我→無我）は期待できない。たとえその目的が「悟り／成仏」であっても、それが追求すべき目標となれば、主客は分離し、執着の対象となる。

道元の基本的立場は「衆生は本来、仏なり」が出発点なので、「悟るために坐禅する」のではなく、「悟っているから坐禅する」と発想が逆転する。この視点に立てば、「目標／目的」は一切排除され、修行も「功利／打算」から解放されよう。ここに道元仏教の特徴がある。

自力と他力

西田の「元来、自力的宗教というものがあるべきでない」が端的に示すように、宗教は〝人間（相対者）〟と〝人間を超えた存在（絶対者）〟との関係を基軸にし、その関わりの中で自己が絶対者によって相対化され、自己の存立基盤が変更される体験であるなら、宗教の本質は「他力」と言える。日常的な自己をそのまま肯定するような宗教はない。とすれば、親鸞仏教も道元仏教も、いや仏教自体がその根本において「他力の教え」なのだ。この「他力性」に、一切衆生の成仏の根拠をみいだすことができよう。この他力性について、宗教一般ではなく、仏教に引き寄せて私見を述べたい。

仏教は苦からの解脱を目指す宗教であり、そのためには真理（縁起）に目覚めることが必要になる。では、真理（縁起）に目覚めることが可能な根拠は何か。それは、我々をふくめ、一切が縁起という真理に貫かれた存在であることだ。我々はこの世に生を受けた時点ですでに「縁起（相互依存）的存在」であり、自力を尽くし努力して「非縁起的存在」から「縁起的存在」になったわけではない。この「縁起的存在」であることが誕生の当初から我々全員に所与のものとして絶対的に与えられているという点で「他力」が大前提となり、またここに仏教の平等な人間観が存在する。

仏教の開祖ブッダは四姓（バラモン〔僧侶〕・クシャトリア〔王族〕・ヴァイシャ〔平民〕・シュードラ〔奴隷〕）すべてに出家の門戸を開き、四姓制度に反対して、人間の価値を「生まれ」ではなく「行い」にみいだし、人間の平等を説いた。後にその根拠は「自性清浄心」として概念化され、大乗仏教になると、さらにそれは「如来蔵／仏性」として理論化されていく。「一闡提は成仏できない」という議論もたしかに存在したが、大乗仏教は万人の成仏を認める平等思想に立つ。

では、この成仏をいかに実現するか。親鸞は絶対他力の立場から、阿弥陀仏にたいする信を強調し、その信も自力で獲得するのではなく、「如来より賜りたる信心」に成仏の根拠をみいだした。一方、道元は「衆生は本来、仏なり」から出発し、衆生は本来、仏であるからこそ無我に立脚して修行（只管打坐）しなければならず、その修行を継続（行持）するところに真理の現成（成仏）をみた。

つまり、親鸞仏教が「他力を基盤にした他力」なら、道元仏教は「他力を基盤にした自力」だ。道元仏教には修行の継続という点で「自力的要素」はたしかに存在するが、その場合の自力も「吾我の自力」ではなく「無我の自力」（それはもはや「自力」とは呼ばないのかもしれないが）ということになる。だから親鸞と道元の仏教を、従来のように「他力vs.自力」と紋切型で特徴づけるのは、厳密には正しくない。

自己の心の奥底に沈殿する罪悪に絶望しきった親鸞は、法然との出逢いによって自己の仏教観を根底から覆し、法然仏教をさらに進化させて絶対他力の教えを確立した。一方、幼少期に母を失いながらも、その暗い影は微塵もみせず、禅仏教を極めようとした道元は、中国に留学して如浄と出逢い、只管打坐を継続して実践するという克己的な仏教を確立した。よって、二人の仏教は極めて対極にあるようにみえる。しかし、〝宗教〟という地平にまで降り立つと、二人は近接する。

喩えで説明しよう。親鸞は乗物に乗って西へ西へと〝救い〟の道を進み、道元は自らの足で東へ東へと〝悟り〟の道を進んだ。進むにつれて二人の距離は離れていく。当然である。目指した仏教の方法論がまったく違っていたからだ。

しばらくすると、互いの姿が確認できなくなるほどに大きな距離が二人を隔ててしまう。いまや地球のどこを進んでいるのかも、互いに見当がつかない。ところが、二人が歩を進めたのは丸い地球の大地であったため、数年後、二人は地球の反対側で出逢うことになる（乗物と徒歩で速度は違うが、これは喩え話なので、二人の速度は「同じ」とする）。進んだ道は正反対だったのに、気がつけば同じ〝目的地（涅槃）〟で二人は鉢合わせしてしまった。

以上は私の妄想だが、二人の舞台は〝他力〟という地球であり、どこをどのように進もうが他力の枠組みからは一歩も外に出ることがない。先に進む手段や方法は違っても、二人を支える地球の大地は二人に（そして全衆生に）最初から無条件に与えられている。進む方法だけに注目すれば、一方は乗物（他力）、他方は徒歩（自力）と、たしかに大きく異なっている。だが、より根源的なところにまで視点を下げれば、二人とも大地にしっかりと支えられており、その安定した大地に支えられてこそ、乗物で進むことも徒歩で進むことも可能になる。

『西遊記』ではないが、孫悟空が觔斗雲に乗ってどれだけ遠くまで飛行しようとも、所詮は〝お釈迦さんの掌（＝法界〔縁起という法に貫かれた世界〕）〟という安全網（他力）内の出来事なのである。

宗教の本質、そして仏教の本質は、「他力」にあったことを最後の最後に確認して、擱筆する。

おわりに

執筆当初、終章「自力と他力」の構想は私の頭にはまったくなかった。否、正確に言えば、当初から「自力と他力」で親鸞と道元を比較するつもりだったが、書き進めていくうち、その内容は大きく変容した。一通り書き終えた今、振り返ってみると、最初に核となった第六章「改読と転釈」以上に、終章は納得できる内容になっている。宗教の本質を自分なりに整理でき、言語化できたからだ。

漠然と「親鸞仏教は他力、道元仏教は自力」と自分自身思っていたし、多くの人がそう思っている。しかし、実際に『正法眼蔵』に目を通すと、道元仏教の根底には他力があり、その他力の働きを前提に自力の修行が成立していた。要するに、ブッダ以来、修行の基盤は本質的に〝他力〟だったのである。

終章も含め、本書を脱稿するまでには、すべての章で多くの紆余曲折があった。著書として出版してしまえば、それは均質な文字の羅列であるから、そこに執筆途中の私の心情や思いが痕跡を留めているわけではない。

原稿を読み返すと、何日間も書けずに立ち往生した箇所、憑かれたように一日で大量に書き進んだ箇所など、私しか知らない感情の機微が、今となっては懐かしい時間の一コマ一コマとして脳裏に去来する。本書の評価はともかく、自分の発想を「著書」という形で世に問うことができるのは、幸せと言うほかはない。

前著『南無阿弥陀仏と南無妙法蓮華経』（新潮新書）で法然と日蓮を比較したのに続き、今回は親鸞と道元とを比較した。いずれ劣らぬ知の巨人であり、それぞれ個性的で、甲乙つけがたい存在だ。私は浄土宗の僧侶なので、法然に軍配を上げるべきかもしれないが、私の中で鎌倉時代の祖師たちは等価で横に並んでしまう。

そのような序列づけは、どうでもよい。私にとって重要なのは、そのような祖師たちがこの日本の鎌倉時代に綺羅星のごとく存在したという事実だ。私は浄土宗の僧侶ではあるが、実家の寺を離れた今、僧侶としてその役目を果たすことはできない。できるとすれば、それは、これまで培ってきた研究者としての知見と、寺で育ち仏教の素晴らしさに触れた報恩感謝の念とを結びつけ、一般読者に向けて〝仏教の価値〟を私の言葉で届けることだ。奏功しているかどうかは心許ないが、私の意図はそこにある。

なお本書では、国名（インド）や固有名詞（ブッダ）などは例外とし、英語などの外来語のカタカナ表記（イメージ、ポイント、テーマなど）をいっさい使わず、文章を綴ってみた。その中にはすっかり日本語化しているものもあり、それをあえて日本語で表記すれば逆にわかりにくくなったかもしれないが、私にとっては初の試みだったことを最後に明かしておく。そのような眼で再度、本書の内容をご確認いただくのも一興かもしれない。

なお、本書は『ブッダと法然』『南無阿弥陀仏と南無妙法蓮華経』に続き、新潮新書からの出版となった。編集の労をおとりいただいたのは、前二著と同じく金寿煥氏である。同氏の卓抜した編集の眼力とセンスとにより、読みづらい最初の原稿は見事に脱皮し、『親鸞と道元』（新潮新書）として再生した。編集者としては当然の仕事に違いないが、「さすが！」と感嘆してしまう。敏腕の編集者とまた一つ共同作業ができたことを誇りに思う。金さん、今回もありがとうございました。

二〇二一年一二月〇二日

平岡　聡

【引用文献ならびに主要参考文献】

安達　俊英　2004「法然浄土教と本覚思想」『印度学仏教学研究』52-2, 495-501.
阿満　利麿　2007『親鸞　普遍への道：中世の真実』筑摩書房.
―――　2011『親鸞』筑摩書房.
石井　清純　2015「前後際断と有時の経歴：道元禅師における「存在と時間」私考」『印度学仏教学研究』63-2, 140-147.
―――　2016『道元：仏であるがゆえに坐す（構築された仏教思想）』佼成出版社.
石田　瑞磨　1989『教行信証入門』講談社.
五木寛之・立松和平　2018『親鸞と道元』祥伝社.
大谷　哲夫　2017『道元「宝慶記」全訳注』講談社.
碧海　寿広　2021『考える親鸞：「私は間違っている」から始まる思想』新潮社.
沖本　克己　1981「大乗戒」（平川（編）[1981：183-221.]）
勝本　華蓮　2009『座標軸としての仏教学：パーリ学僧と探す「わたしの仏教」』佼成出版社.
河合　隼雄　1986『宗教と科学の接点』岩波書店.
菊藤　明道　1972「禅者の末法思想」『印度学仏教学研究』21-1, 258-260.
木越　康　2012a「親鸞と末法（上）」『親鸞教学』99, 40-60.

――― 2012b 「親鸞と末法（下）」『親鸞教学』100, 18-38.
木村 清孝 2015 『『正法眼蔵』全巻解読』佼成出版社.
氣多 雅子 1992 『宗教経験の哲学：浄土教世界の解明』創文社.
國分功一郎 2017 『中動態の世界：意志と責任の考古学』医学書院.
子安 宣邦 2017 『三木清遺稿「親鸞」：死と伝統について』白澤社.
齊藤 隆信 2017 『円頓戒講説』佛教大学齊藤隆信研究室.
佐々木 閑 1999 『出家とはなにか』大蔵出版.
佐々木徹真 1956 「親鸞の非僧非俗に就いて」『印度学仏教学研究』4-1, 152-153.
下田 正弘 2020 『仏教とエクリチュール：大乗経典の起源と形成』東京大学出版会.
釈 徹宗 2010 『親鸞：救済原理としての絶対他力（構築された仏教思想）』佼成出版社.
――― 2011 『法然親鸞一遍』新潮社.
末木文美士・頼住光子 2018 『日本仏教を捉え直す』NHK出版.
平 雅行 1992 『日本中世の社会と仏教』塙書房.
――― 2017 『鎌倉仏教と専修念仏』法藏館.
高崎直道・梅原猛 1969 『古仏のまねび〈道元〉（仏教の思想11）』角川書店.
竹村 牧男 2004 『華厳とは何か』春秋社.
――― 2017 『親鸞と一遍：日本浄土教とは何か』講談社.
玉城康四郎 1995 『ダンマの顕現：仏道に学ぶ』大蔵出版.

千葉乗隆（訳注）2001『新版　歎異抄：現代語訳付き』KADOKAWA.
辻本臣哉 2018「天台本覚思想の日本の諸思想・諸文化への影響」（学位論文：武蔵野大学）
角田泰隆 2012『道元入門』KADOKAWA.
中尾良信（編）2003『孤高の禅師　道元（日本の名僧9）』吉川弘文館.
中島岳志 2017『親鸞と日本主義』新潮社.
瀧　弘信 2011「「六角堂夢告」考（上）：親鸞の生涯を貫いた課題」『大谷学報』90-2, 22-44.
中村　元 1981『仏教語大辞典（縮刷版）』東京書籍.
中山彰信 2009「親鸞における戒律と倫理」『日本仏教学会年報』74, 251-263.
新本豊三 1984「道元における仏典の転釈」『禅研究所紀要』12, 33-49.
西澤まゆみ 2016「道元禅師と日本中世社会：教化の諸相を中心として」（学位論文：駒澤大学）
西田幾多郎 1989『西田幾多郎哲学論集Ⅲ』岩波書店.
西谷啓治 1961『宗教とは何か』創文社.
花野充道 2004「道元と天台本覚思想」『印度学仏教学研究』53-1, 33-37.
平岡　聡 2016『〈業〉とは何か：行為と道徳の仏教思想史』筑摩書房.
――― 2018a『浄土思想史講義：聖典解釈の歴史をひもとく』春秋社.
――― 2018b『浄土思想入門：古代インドから現代日本まで』KADOKAWA.
――― 2019a『南無阿弥陀仏と南無妙法蓮華経』新潮社.
――― 2019b『法然と大乗仏教』法藏館.

――――　2020a　『進化する南無阿弥陀仏』大蔵出版.
――――　2020b　『菩薩とはなにか』春秋社.
――――　2021　『鎌倉仏教』ＫＡＤＯＫＡＷＡ.
平川　彰（編）1981　『大乗仏教とは何か（講座・大乗仏教1）』春秋社.
――――　1989　『初期大乗仏教の研究Ⅰ（平川彰著作集第3巻）』春秋社.
ひろさちや　1994　『親鸞と道元：自力か、他力か』徳間書店.
藤田　宏達　1964　「在家阿羅漢論」『仏教思想史論集（結城教授頌寿記念）』大蔵出版、51-74.
船岡　誠　2014　『道元：道は無窮なり（ミネルヴァ日本評伝選）』ミネルヴァ書房.
本庄　良文　2011　「経の文言と宗義：部派佛教から『選択集』へ」『日本仏教学会年報』76, 109-125.
増谷文雄・梅原猛　1970　『絶望と歓喜〈親鸞〉（仏教の思想10）』角川書店.
松尾　剛次　2010　『親鸞再考：僧にあらず、俗にあらず』ＮＨＫ出版.
松野　純孝　1961　「親鸞における同朋思想の形成」『真宗研究』6, 98-107.
三木　彰円　2009　「親鸞における「愚禿釈」の名乗りと「無戒名字の比丘」」『日本仏教学会年報』74, 265-275.
水野弥穂子（訳）1992　『正法眼蔵随聞記』筑摩書房.
――――（訳註）2006　『原文対照現代語訳　道元禅師全集（第三巻）正法眼蔵3』春秋社.
南　直哉　2008　『『正法眼蔵』を読む：存在するとはどういうことか』講談社.
山崎　正一（訳註）2003　『正法眼蔵随聞記』講談社.

遊亀 教授 1986 『親鸞と道元』講談社.

頼住 光子 2011 『道元の思想：大乗仏教の真髄を読み解く』NHK出版.

——— 2014 『正法眼蔵入門』KADOKAWA.

和辻 哲郎 2011 『道元』河出書房新社.

引用文献ならびに主要参考文献

平岡　聡　1960（昭和35）年京都市生まれ。京都文教大学教授。佛教大学大学院文学研究科博士後期課程満期退学。博士（文学）。著書に『大乗経典の誕生』『ブッダと法然』『南無阿弥陀仏と南無妙法蓮華経』など。

Ⓢ新潮新書

939

親鸞《しんらん》と道元《どうげん》

著　者　平岡《ひらおか》　聡《さとし》

2022年2月20日　発行

発行者　佐　藤　隆　信

発行所　株式会社 新潮社

〒162-8711　東京都新宿区矢来町71番地
編集部(03)3266-5430　読者係(03)3266-5111
https://www.shinchosha.co.jp
装幀　新潮社装幀室

印刷所　株式会社光邦
製本所　株式会社大進堂

ISBN978-4-10-610939-3　C0215